Hannover – Kleine Stadtgeschichte

Waldemar R. Röhrbein

Hannover

Kleine Stadtgeschichte

VERLAG FRIEDRICH PUSTET
REGENSBURG

UMSCHLAGMOTIV
Der 1879 eröffnete Bahnhof von Hannover. – Postkarte, um 1900. Bildarchiv Preußischer Kulturbesitz.

Für Marianne

BIBLIOGRAFISCHE INFORMATION DER DEUTSCHEN NATIONALBIBLIOTHEK
Die Deutsche Nationalbibliothek verzeichnet diese Publikation in der Deutschen Nationalbibliografie; detaillierte bibliografische Angaben sind im Internet über http://dnb.d-nb.de abrufbar.

2., überarbeitete Auflage
ISBN 978-3-7917-2720-2

Umschlag- / Reihengestaltung und Layout: Martin Veicht, Regensburg
Satz: Vollnhals Fotosatz, Neustadt a. d. Donau
Druck und Bindung: Friedrich Pustet, Regensburg
Printed in Germany 2015

Diese Publikation ist auch als eBook erhältlich:
eISBN 978-3-7917-6066-7 (epub)

Weitere Publikationen aus unserem Programm
finden Sie auf www.verlag-pustet.de
Kontakt und Bestellungen unter verlag@pustet.de

Inhalt

Vorbemerkung

Auch die »Kleine Stadtgeschichte Hannovers« beginnt mit Anfängen, die, wie bei den meisten Städten, irgendwo im Dunkeln liegen, und sie endet in der Gegenwart. In diesem sehr langen Zeitraum ist vieles geschehen, was die Geschichte der Stadt auf unterschiedliche Weise beeinflusst hat.

Mit einem Wunderbericht tritt Hannover friedlich in die geschriebene Geschichte ein. Und, abgesehen von den etwas heftigeren Vorgängen bei der Einführung der Reformation, scheinen die Hannoveraner radikalere Umstürze aufgrund ihres eher nüchtern abwägenden Wesens nicht sonderlich geschätzt zu haben. Die Revolutionen von 1848 und 1918 beweisen es. Auch die Machtübernahme auf dem Rathaus war 1933 zunächst nur ein halber Erfolg.

Die »Kleine Stadtgeschichte« muss, wie der Name sagt, aus der Fülle der Geschehnisse zwangsläufig auswählen und sich beim Mitteilenswerten hier und da zurückhalten. Sie soll schnell, aber anders als ein Stadtlexikon, in zeitlichen und thematischen Zusammenhängen informieren und die wichtigsten Ereignisse und Personen vorführen. Grafen, Herzöge, Kurfürsten und Könige haben der Stadt als Stadtherren und dann als Landesherren vielfach die Richtung politischen Handelns vorgegeben, 123 Jahre von London aus, ohne dass Hannover, wie gelegentlich behauptet wird, ein »Klein Engeland« geworden wäre. Im hohen und späten Mittelalter trat das alte ständisch gegliederte Stadtbürgertum gegen den Stadtherrn an, im konstitutionellen Staat des 19. Jahrhunderts emanzipierte sich das Bildungs- und Wirtschaftsbürgertum, das, zunächst politisch nur beschränkt handlungsmächtig, die beschauliche Residenzstadt Hannover zum Wirtschafts- und Verkehrszentrum des niedersächsischen Raumes entwickelte.

Die Stadt, von 1636 bis 1866 Hauptstadt eines Fürstenstaates, dann einer Provinz und seit 1946 des demokratisch verfassten Landes Niedersachsen, kam zu Weltruhm, als auf Druck der britischen Militärregierung 1947 eine Exportmesse in Hannover ihre Tore öffnete, die heute als CeBIT und Hannover Messe für Investitionsgüter die weltgrößten Foren ihrer Art sind. Und schließlich fand 2000 die erste Weltausstellung auf deutschem Boden in Hannover statt.

Außerdem tragen Orte in vielen Ländern rund um den Globus den Namen Hannover oder in der englischen Schreibweise »Hanover«: in Südafrika, Chile, auf Jamaika, sogar auf dem Bismarck-Archipel in Neu-Guinea und allein 63 Mal in den USA und Kanada.

Was könnte besser dazu passen als Kurt Schwitters' Wortspiel mit dem Namen Hannover? Er las ihn von hinten und erhielt, wie er 1920 schrieb: »die Zusammenstellung dreier Worte: ›re von nah‹. Das Wort ›re‹ kann man verschieden übersetzen: ›rückwärts‹ oder ›zurück‹. Ich schlage die Übersetzung ›rückwärts‹ vor. Dann ergibt sich also als Übersetzung des Wortes Hannover von hinten: ›Rückwärts von nah‹. Und das stimmt insofern, als dann die Übersetzung des Wortes Hannover von vorn lauten würde: ›Vorwärts nach weit‹. Das heißt also: Hannover strebt vorwärts, und zwar ins Unermessliche.« (Rischbieter II, S. 236)

Von all diesem und natürlich einigem mehr wird im vorliegenden Band berichtet.

Hannover, im Sommer 2012 *Waldemar R. Röhrbein*

Hannover, eine welfische Landstadt

Eine günstige geografische Lage

Entstehung und Entwicklung der Stadt Hannover sind auf das Engste mit der Beschaffenheit der sie umgebenden und sie tragenden Landschaft verbunden. Links der Leine bildete sich infolge von Aufwehungen während und nach der Weichseleiszeit die Lösslandschaft des Bergvorlandes, rechts, auf der von der Leine berührten Niederterrasse, führten nachweichseleiszeitliche Trockenwinde auf dem Geestrücken zur Anhäufung längst abgetragener Sanddünen. Nach der letzten Eiszeit, der so genannten Weichsel- oder Würmeiszeit (ca. 115 000–10 000 v. Chr.), deren Eisschichten unseren Raum nicht mehr erreichten, änderte die Leine offenbar ihren Lauf. Sie floss nicht weiter in nördlicher Richtung in das Wietzetal, sondern wurde nach Nordwesten abgelenkt. Die Niederterrasse fällt zur Leine hin ziemlich steil ab, im Osten zur Eilenriede-Niederung nur ganz allmählich. In diesen landschaftlichen Gegebenheiten liegen die Voraussetzungen für die Entstehung der Stadt Hannover. Der Geestrücken war flussnah, aber hochwasserfrei und flachhügelig. Ihm war ein durch einen Leinearm abgetrennter Werder vorgelagert, dem sich ein Sporn des Lindener Berges so weit näherte, dass er die sonst 1,5–2 km breite Flussaue, die von zahlreichen Leinearmen durchzogen wurde, hier bis auf 500 m einengte. Die damit gegebene günstige Gelegenheit, Leinetal und Leine zu queren, was weder flussauf noch flussab auf weite Strecken möglich war, erwies sich verkehrstechnisch als der Hauptgrund für die Entstehung der Stadt Hannover.

Ur- und frühgeschichtliche Funde aus allen Stadtteilen

Die Archäologen haben innerhalb der heutigen Stadtgrenzen für eine Vielzahl von Plätzen sowohl Einzel- als auch Grab- und

Siedlungsfunde aus allen Zeiträumen der Ur- und Frühgeschichte von der Steinzeit bis ins hohe Mittelalter nachweisen können. Daraus kann geschlossen werden, dass innerhalb des heutigen Stadtgebietes seit frühester Zeit Aufenthaltsorte, später Siedlungen bestanden, ohne dass immer von deren Kontinuität ausgegangen werden kann. Nach dem Sesshaftwerden der Menschen mit Ackerbau und Viehwirtschaft während des Neolithikums (ca. 5000–1800 v. Chr.), das sich im Raum Hannover auf den Lössböden links der Leine um 4000 v. Chr., auf den weniger günstigen Lagen der Geestrücken rechts der Leine ab etwa 2500 v. Chr. vollzog, begann auch hier die sich schrittweise bis ins 18. Jahrhundert hinziehende Umwandlung der Naturlandschaft zur Kulturlandschaft. Keramikscherben aus der Bronzezeit (2000–ca. 700 v. Chr.) sowie Metallfunde aus der römischen Kaiserzeit (1.–3. Jh. n. Chr.) deuten auf weiträumige Beziehungen des als Durchgangslandschaft geltenden hiesigen Raumes hin, der damals zum Stammesgebiet der Cherusker gehörte.

HINTERGRUND ////

HANNOVER = TULIFURDUM?

Die 2010 unter dem Titel »Germania und die Insel Thule« erschienene Entschlüsselung von Ptolemaios' »Atlas der Oikumene« könnte nahelegen, eine darin genannte Siedlung Tulifurdum mit einer frühen Siedlung am hannoverschen Leineübergang in Verbindung zu bringen. Trotz der ermittelten großen Annäherungswerte zwischen den transformierten ptolemaiosschen und den modernen geographischen Koordinaten und der Möglichkeit, den Namensbestandteil furdum als jene Furt zu deuten, mittels der bei Hannover die Leine gequert werden konnte, bleiben erhebliche Zweifel bestehen.

Ein Mädchen aus dem vico hanovere

Die Anfangsphase der Stadtwerdung liegt in der für Hannover noch weitgehend schriftlosen Zeit des 9. bis 12. Jahrhunderts, so dass sich die Geschichtsschreibung trotz der zwischen 1948 und 1961 durch Helmut Plath vorgenommenen Ausgrabun-

Ein Mädchen aus dem *vico hanovere* am Grab des Heiligen Bernward von Hildesheim. – Relief am Neuen Rathaus.

gen und Auswertungen sowie späterer Fundinterpretationen teils auf gewagte Hypothesen stützt. Als Mitte des 12. Jahrhunderts die »Miraculi Sancti Bernwardi« von einem Mädchen aus dem *vico hanovere*, also dem Dorf Hannover, berichten, das am Grabe des Hildesheimer Bischofs Bernward (um 960–1022, Bischof seit 993) Heilung von einem Augenleiden erfahren habe – eine Ersterwähnung Hannovers, die friedlicher nicht sein konnte – muss wohl eine Art Marktsiedlung vorhanden gewesen sein. Diese Annahme wird etwa um die gleiche Zeit von dem Reisebericht eines isländischen Abtes gestützt, der das damalige Hannover *hanabruinborgar* nennt. Mit dem Marktort, von dem beide, wenn auch nur in späteren Abschriften überlieferte Nennungen sprechen, dürfte wahrscheinlich die von Graf Hildebold von Roden zwischen 1124 und 1141 zusammen mit der Georgskirche angelegte Marktsiedlung gemeint sein.

Auf die beiden genannten Erwähnungen Hannovers als Marktort folgte 1163 die erste urkundliche Nennung des Namens *hanovere* in einer Urkunde Heinrichs des Löwen, der hier einen Hoftag abhielt. Heinrich der Löwe wird für diese Zeit auch als Gründer der romanischen Aegidienkirche sowie der in ihrer Umgebung entstehenden und mit einer ersten Befestigung versehenen Siedlung angenommen. Dass in dieser Siedlung das in den Grenzbeschreibungen für das Bistum Hildesheim am Anfang des 11. Jahrhunderts genannte und in der älteren Literatur als Siedlung gedeutete *tigisflehe* aufging, ist in der Forschung umstritten. Das Zusammenwachsen dieser Aegidiensiedlung mit der Marktsiedlung und der Siedlung im

Die Grafen von Roden waren offenbar Anfang des 12. Jahrhunderts von Lothar von Süpplingenburg, Herzog von Sachsen, Großvater Heinrichs des Löwen, als Untergrafen in dem von der östlich des Aegidientores in Richtung zur Wietze verlaufenden Grenze des Bistums Hildesheim bis in den Raum des Steinhuder Meeres reichenden Marstemgau eingesetzt worden. Zu diesem gehörte auch Hannover. Mitte des 12. Jahrhunderts scheint Heinrich der Löwe das Lehnsverhältnis erneuert zu haben.

Bereich des Herren- oder Wirtschaftshofes in der Nähe des Leineüberganges dürfte in den ersten Jahrzehnten des 13. Jahrhunderts vollendet gewesen sein. Das bedeutet: Hannover ist keine durch einen einmaligen Akt gegründete, sondern eine allmählich gewachsene Stadt. Diese entstehende Stadt hatte König Heinrich VI. in seinem Kampf gegen die Welfen 1189 niedergebrannt, nachdem er die kurz vorher in der Leinemasch bei Limmer von den Grafen von Roden, den Lehnsmannen Heinrichs des Löwen, erbaute Turmburg vergeblich belagert hatte. In den über die Zerstörung Hannovers berichtenden »Annales Steterburgenses« wurde Hannover von deren Verfasser, dem Abt Gerhard von Steterburg, zum ersten Mal als *civitas*, als Stadt, bezeichnet.

Die Grafen von Roden: Klostergründer, Burgenbauer, Stadtherren

Nachdem Graf Konrad I. von Roden 1196 nordwestlich der Stadt auf einer nicht mehr zu erkennenden Leineinsel das Monasterium Sanctae Mariae in Werdere, das Kloster Marienwerder, gegründet hatte, dessen Kirche in ihren romanischen Teilen der älteste Sakralbau Hannovers ist, wird sein Sohn Konrad II. vor 1215 als Bauherr der Burg Lauenrode auf dem linken Leineufer gegenüber dem damaligen Westausgang Hannovers vermutet. Nach anderen Annahmen soll Pfalzgraf Heinrich, der Sohn Heinrichs des Löwen, der Bauherr gewesen sein. Konrad III. von Roden verkaufte offenbar zwischen 1227 und 1239, seinem Todesjahr, als Stadtherr der Siedlung *hanovere* das Recht der Selbstverwaltung durch *consules* (Ratsherren) und zur Führung eines Siegels. Schriftliche Überlieferungen dieser Rechtsakte sind genauso wenig bekannt wie zu dem möglicherweise in diesen Jahren erfolgenden Bau des ersten Rathauses. Die unumschränkte Herrschaft Konrads III. hatte ein Ende gefunden, als Otto das Kind, Neffe und Erbe des Pfalzgrafen Heinrich, 1235 seine dem Kaiser übertragenen Eigengüter als Fahnenlehen zurückerhalten hatte und als Herzog zu Braunschweig und Lüneburg in den Reichsfürstenstand erhoben wurde. Er zog die Stadt Hannover 1241 als welfisches Lehen wieder ein und wurde selbst Stadtherr.

1241: Hannover wird welfische Landstadt

Die als Folge dieser politischen Veränderung ausgestellte Urkunde vom 26. Juni 1241 – die älteste, in zwei Fassungen vorliegende Urkunde des Stadtarchivs – machte Hannover zu einer welfischen Landstadt. Sie bezeichnete Hannover zum ersten Mal offiziell als *civitas*, war aber keine Stadtrechtsverleihungsurkunde im eigentlichen Sinn, sondern enthielt die Bestätigung älterer Rechte und die Verleihung neuer Privilegien. Der Herzog versprach, die vorhandenen städtischen Rechte zu achten, zu verbessern und zu mehren. Die Aufsicht über die Stadt und die Zivil- und Strafgerichtsbarkeit lagen in den Händen des den herzoglichen Stadtherrn vertretenden Vogtes *(advocatus)*. Ihm war der Worthzins, eine Grundbesitzabgabe, zu leisten, denn der Stadtherr hatte nach altem Recht das Obereigentum am Grund und Boden, auf dem sich die Stadt entwickelte.

hanovere, honovere, Hannover und die Deutung des Namens

Ursprung und Deutung des im 12. Jahrhundert sogleich in zwei Schreibvarianten vorkommenden Namens der Stadt sind bis heute ebenso umstritten wie deren Entstehungsgeschichte. Zuerst zwar als *hanovere* überliefert, benutzte ihn die Urkunde von 1241 wie auch das Siegel an einer Urkunde von 1266 als *honovere*. Abgelöst wurde diese Schreibweise erst durch den nachreformatorischen Rat, der 1534 – wieder zuerst in einem Siegel – die Schreibweise *Hannover* einführte, die sich dann bis 1600 durchgesetzt hatte.

Schwieriger gestaltet sich offenbar die Deutung des Stadtnamens. Als man im 15./16. Jahrhundert dieser Frage nachzugehen begann, leitete man den Namen der Stadt übereinstimmend von ihrer Lage am hohen Ufer der Leine ab. Dieser Interpretation folgte auch Gottfried Wilhelm Leibniz, der 1704 lakonisch feststellte: »C'est Honovere alta ripa« (Honovere ist hohes Ufer). Erst als Helmut Plath 1955 mit seinen Ausgrabungen die gegen Ende der ersten Hälfte des 16. Jahrhunderts vorgenommenen Aufschüttungen des hohen Ufers bestätigte und auf eine ursprüngliche Uferhöhe von etwa drei Metern kam, setzten neue Namensdeutungen ein. Plath selbst bot 1984 mit aller Vorsicht die Interpretation »Anhöhe oder Ufer am Schilf«. Bodo Dringenberg sah 1999 nach ebenso subtilen Untersuchungen in der Namensform *hanovere* einen »hagan«, einen eingefriedeten, leicht befestigten Herrenhof auf einem »over«, einem erhöhten Rand, dem Geestrand über dem Uferbereich der Leine, womit nur der Wirtschaftshof auf dem Gelände des heutigen Ballhofplatzes gemeint sein könnte.

Wappen, Siegel und Farben der Stadt

Die älteste Wappendarstellung für Hannover ist dem einer Urkunde aus dem Jahre 1266 anhängenden Siegel zu entnehmen. Mit Mauer, Türmen und Tor symbolisiert es die Stadt, mit dem heraldisch nach links schreitenden Löwen den welfischen Stadtherrn. Neben diesem im Siegel verwendeten Wappenbild kam als »teken« (Zeichen) oder Gemerke auf Münzprägungen des 14. Jahrhunderts eine dreiblättrige Blüte mit herausgehobenem Fruchtboden auf, wie sie auch im Wappenschild auf dem Tonfries von 1413 am Alten Rathaus zu sehen ist. Mal trat diese Blüte mit Fruchtboden als Margenblomeken, Marienblume, mal ohne diesen als Kleverblad auf und gelangte als solches, wie

Das Stadtsiegel Hannovers von 1266. – Siegel aus dem Urkundenbuch der Stadt Hannover.

ein Siegel aus dem Jahr 1534 beweist, in das offene Mauertor des Wappens und setzte sich damit als Kleeblatt durch. Zugleich änderte der welfische Löwe seine Schrittrichtung nach heraldisch rechts. Ihre heute verbindliche Fassung erhielten Wappen und Siegel 1929 durch den Grafiker Wilhelm Metzig.

Hinsichtlich der Stadtfarben verfügte der Magistrat erst 1893, dass zur Beflaggung städtischer Gebäude statt der bisher im Rückgriff auf die bereits 1613 bei der Huldigung für Herzog Friedrich Ulrich geführten Farben Rot-Gelb-Grün-Weiß nur noch Rot-Weiß verwendet werden sollte. Heute zeigen diese Stadtfahnen mittig auch das Stadtwappen in der Fassung von 1929.

Wie sich die junge Stadt regierte und verwaltete

Aus dem Bereich der Verfassung und Verwaltung der Stadt hatte die Urkunde von 1241 Ratsherren *(consules)*, einen burmester *(magister civium)* als Marktvogt, sowie Handwerksmeister *(magistri artium manualium)* genannt, dazu den Vogt *(advocatus)*, der die stadtherrliche Gewalt ausübte. Doch bis Ende des 14. Jahrhunderts hatte die Stadt in einer Zeit des schwächer werdenden Landesfürstentums in ihrer vom kontinuierlichen Streben nach Autonomie bestimmten Außenpolitik, wie andere Städte auch,

Ansicht des Alten Rathauses. – Lithografie von Wilhelm Kretschmer, um 1850.

die meisten Zuständigkeiten des Stadtherrn verliehen bekommen, erwerben können oder sich erstritten. Darunter bereits 1297 das Zugeständnis des Herzogs, niemanden zu belangen, der für sich und seine Habe in der Stadt Zuflucht gesucht hatte. »Stadtluft macht frei« galt fortan auch für Hannover. 1322/1438 erlangte die Stadt das einträgliche Münzrecht und 1348 mit dem Worthzins eine weitere wichtige Geldquelle. Die Ratsherren traten als *consules in Honovere* erstmals 1255 in Erscheinung. Damals waren es zehn. 1448 wurde ihre Zahl auf zwölf festgelegt: je vier Vertreter der Kaufmannschaft, der großen Ämter, andernorts Gilden, Innungen oder Zünfte geheißen, und zwar je ein Vertreter der Bäcker, Knochenhauer, Schuhmacher und Schmiede sowie vier Vertreter der Meinheit, jener Bürger, die zwar brauberechtigt aber nicht zunftgebunden waren, also weder zur Kaufmannschaft noch zu Ämtern gehörten. Bis in die Reformationszeit bildeten 12 Ratsherren, aus deren Mitte die 1358 zum ersten Mal genannten borgermester bestimmt wurden, sowie vier Geschworene das bürgerliche Stadtregiment im eigentlichen Sinn.

ERWERB DES BÜRGERRECHTS

Bürger konnte seit dem Mittelalter nur sein, wer das Bürgerrecht besaß. Dessen Erwerb setzte ehrliche Geburt, Grund- und Hausbesitz oder die Entrichtung eines Bürger(gewinn)geldes und die Ableistung des Bürgereides voraus. Ein Teil der Einwohnerschaft – Dienstboten, Hörige, Dirnen, Bettler, Aussätzige, die unehrlichen Berufe u. a. – blieben vom Bürgerrecht generell ausgeschlossen, waren aber im Gegensatz zu Adel, Geistlichkeit und Juden gleichwohl dem Stadtrecht unterworfen. Die Inquilinen, so genannte Mitwohner, (u. a. Gewerbetreibende außerhalb der Ämter, Tagelöhner etc.) besaßen kein vollwertiges Bürgerrecht.

HINTERGRUND

Ein langer Krieg, ein Großes Privileg und die Sate

Der Rat vertrat die Stadt trotz des neben ihm agierenden Vogtes auch nach außen und betrieb in der großen Zeit der mittelalterlichen Städte im 14. und 15. Jahrhundert eine intensive Außenpolitik. In einer für das Herzogtum Braunschweig-Lüneburg insgesamt krisenhaften Entwicklung vor und während des sich von 1371 bis 1388 hinziehenden Lüneburger Erbfolgekrieges engagierte sich Hannover in der Regel immer auf der Seite derjenigen Fürsten, von denen im Augenblick die meisten Vorteile zu erwarten waren, seien es die Welfen, seien es die Askanier, die Herzöge von Sachsen-Wittenberg.

Von den Askaniern, die Kaiser Karl IV. 1369 mit dem Fürstentum Lüneburg belehnt hatte, zu dem auch Hannover gehörte, erlangte die Stadt das Große Privileg von 1371, »welches das fürnehmste ist unter allen«. Es brachte der Stadt diverse Zugeständnisse, darunter die Bestätigung sämtlicher älterer Rechte, die Überlassung der Burg Lauenrode mit dem Recht, diese abzubrechen, was die Stadt auch sofort tat, weiterhin verschiedene herzogliche Grundstücke zum Ausbau der Stadtbefestigung sowie die Verfügungsgewalt über stadtnahe herzogliche Mühlen. Mit der Genehmigung, die in diesem Privileg erstmals urkundlich erwähnte Eilenriede zu erweitern, wurde diese als stadthannoverscher Wald anerkannt.

Die Hauptbedeutung des Großen Privilegs lag darin, dass die Stadt fortan selbstständig über den Umfang ihrer Befestigung wie über die Gestaltung auch ihrer unmittelbaren Umgebung entscheiden konnte. Als Folge des Krieges gelang es den Rittern und den großen Städten des Fürstentums, von den welfischen Herzögen Friedrich und Bernhard I. gegen Zahlungen die so genannte Sate (Satzung) zu erlangen, die sie in Fragen der Finanzen, des Krieges und Friedens zu Partnern der Landesherren machte. Im Sateausschuss stellten die Ritterschaft acht, die Stadt Lüneburg vier und die Städte Hannover und Uelzen je zwei Vertreter. Damit war die Stadt Hannover von Anfang an beteiligt an der Bildung der frühen landständischen Kräfte.

Mit anderen Städten im Bunde

Die große Zeit der Außenpolitik und Städtebündnisse begann erst, als auch die welfischen Städte nach dem Lüneburger Erbfolgekrieg, allmählich auf dem Höhepunkt ihrer Macht, die Landfriedenswahrung selbst in die Hand zu nehmen begannen. Die diesen Bündnissen wohl seit Ende des 14. Jahrhunderts zugrunde gelegten Matrikel über die zu stellenden gewapenden (Bewaffneten) oder die aufzubringenden Gelder führten Hannover immer erst im letzten Viertel der teilnehmenden Städte auf. Politische Bedeutung, Wirtschaftskraft und Verteidigungsfähigkeit der Stadt an der Leine wurden trotz aller Rührigkeit offenbar nicht besonders hoch eingeschätzt. So hielten auch Hannovers verbesserte Befestigungsanlagen Herzog Heinrich den Älteren von Braunschweig-Wolfenbüttel, wozu Hannover seit der Erbteilung von 1409 gehörte, nicht davon ab, die Stadt zweimal zu überfallen: 1486 zerstörte er den Döhrener Turm und die alte Ratsziegelei. Sein Plan, die Stadt aus Rache für ihr mit fünf anderen Städten gegen ihn geschlossenes Verteidigungsbündnis im Morgengrauen des 24. November 1490 zu erobern, scheiterte allerdings an der Wachsamkeit des Bürgers Cord Borgentrick.

CORD BORGENTRICK

Der Herzog hatte seine Krieger vor dem Aegidientor hinter Hecken und Häusern und auf zahlreichen mit Leinwand überspannten Frachtwagen verborgen, um mit diesen morgens, wenn die Stadttore geöffnet wurden, in die Stadt hineinzufahren und sie zu besetzen. Dem Ölschläger und Bürger Cord Borgentrick, der, spät von einer Tour über Land zurückkehrend, vor verschlossenen Toren gestanden und in der Marienkapelle vor dem Aegidientor übernachtet hatte, waren bei Mondschein blinkende Helme und Rüstungen aufgefallen, dazu Waffengeklirr und unterdrückte Geräusche. Er alarmierte den Wächter auf dem Turm hinter dem Marienroder Hof – der Turmstumpf ist als Borgentrickturm im heutigen Gebäude der Volkshochschule erhalten –, worauf dieser die Nachricht an die Torwache weitergab, so dass die Tore geschlossen blieben.

BIOGRAFIE

Hanse und Handel

Frühe Handelsverbindungen hannoverscher Kaufleute zu entfernteren Räumen bestanden bereits seit dem 13. Jahrhundert durch Verbindungen zu der so genannten Kaufleutehanse. Nach dem Zusammenschluss der »Stede van der dudeschen Hanse« wurde Hannover wohl Mitte des 14. Jahrhunderts auch Mitglied dieser Städtehanse. Zu deren verbindenden Elementen gehörte bis zu ihrem Niedergang Anfang des 17. Jahrhunderts auch die mittelniederdeutsche Sprache. Allerdings zählte Hannover nie zu den bedeutenden Hansestädten. Zudem beteiligte sich die Stadt offenbar immer nur soweit wie erforderlich und soweit Nutzen dabei heraussprang. Wann die Stadt das Interesse an dieser einmaligen mittelalterlichen Handelsorganisation des niederdeutschen Raumes verlor, ist ebenso wenig genau festzustellen wie das Jahr ihres Beitritts zur Hanse. Aber noch heute verkörpern die beiden bedeutendsten mittelalterlichen Monumentalbauten der Stadt, das Alte Rathaus und die Marktkirche, das auf den Marktplatz ausgerichtete typische Bauprogramm der hansischen Backsteingotik.

Für die Wirtschaft der Stadt, die keine Ackerbürgerstadt war, stand der Fernhandel obenan. Eigene Produkte, die zu Exportschlagern hätten werden können, gab es hier nur sehr wenig. Als typisch hannoversches Erzeugnis durfte aufgrund eines herzoglichen Privilegs von 1322, in dem zum ersten Mal das Bierbrauen als Zweig der Stadtwirtschaft in Erscheinung trat, hannoversches Bier ausgeführt werden.

Der Broyhan-Taler, Brauzeichen der Hannoverschen Brauergilde. – Kupfermünze, 1546.

HINTERGRUND ////////

BROYHAN-BIER UND BROYHAN-TALER

Ihren großen Aufschwung erfuhr die Brauwirtschaft jedoch erst, als der hannoversche Brauknecht Cord Broyhan 1526 ein nach ihm benanntes, nach Hamburger Art gebrautes hellbraunes, obergäriges Bier erfunden hatte. Dieses Broyhan-Bier wurde zu einem erfolgreichen Ausfuhrartikel. So konnte sich das Brauwesen im 16. Jahrhundert zu einem der führenden Gewerbezweige der Stadt entwickeln. 1546 wurde die Brauergilde zum ersten Mal erwähnt und der Broyhan-Taler, eine Marke mit dem Broyhan-teken (Zeichen), die von den Brauern vor einem Brauvorgang beim Akziseherrn der Stadt zu erwerben war, offenbar erstmalig verwendet. Sie wird in veränderter Form noch heute von der Gilde-Brauerei als Bildmarke geführt.

Länger als der Bierexport lief bereits der Zwischenhandel mit Erzeugnissen, die in der Umgebung aufgekauft wurden, wie Getreide von der Lössbörde, Wolle von der Geest und hannoversches Eisen, das zwischen Hannover und Celle aus dem dort anstehenden Raseneisenstein gewonnen wurde. Auf diesen weist der Ortsname Isernhagen hin.

Der Zwischenhandel vertrieb vorwiegend Produkte, die hannoversche Fernkaufleute in unterschiedlichen Gegenden Deutschlands und Europas einkauften. Besonders gute Handelsbeziehungen bestanden zu den Seestädten Lübeck und Hamburg, sehr enge zu Bremen. In Flandern und am Niederrhein wurden Tuche eingekauft; Pelze, Häute, Tran und Wachs in Nowgorod. Über Lübeck kamen Butter und Heringe aus dem südschwedischen Schonen ins Land. Auch in Bergen und Visby auf Gotland waren hannoversche Kaufleute anzutreffen. Vieh zum Weiterverkauf konnte seit 1338 in der Grafschaft Hoya aufgekauft werden.

Doch hatte der Handel mit mancherlei Beschwernissen zu kämpfen. Neben Raubrittertum und Fehden waren es vor allem die äußerst schlechten Wegeverhältnisse. Deshalb waren alle irgendwie am Handel Beteiligten daran interessiert, möglichst jeden Wasserweg nutzbar zu machen, denn selbst kleine Kähne, die nur wenig Wasser unter dem Kiel benötigten, konnten mehr der damaligen Massengüter aufnehmen als ein vierspänniger Frachtwagen. Folglich war auch die Stadt Hannover mit unterschiedlichen Maßnahmen bis hin zu Waffengewalt ständig bemüht, den für den hannoverschen Handel wichtigen Schifffahrtsweg vom städtischen Stapel (südwestlich des heutigen Königsworther Platzes) über Leine, Aller, Weser nach Bremen offen zu halten. Doch meist ohne den erwünschten Erfolg, denn der Wasserweg blieb immer wieder, teils über Jahrhunderte hinweg, unpassierbar.

Von der Ordnung der Ämter des Handwerks

Den frühesten Überblick über das in der Stadt betriebene Handwerk und zwar über dessen Ämter, deren Anzahl und Rangfolge, bietet eine Prozessionsordnung aus dem Jahre 1366. Darin hatte der Rat festgelegt, in welcher Rangfolge sich die Ämter in die Fronleichnamsprozession einzureihen hatten. An der Spitze der in der Stadt vorhandenen 16 Wirtschaftskorporationen stand der »kopmann«, die Gilde der Wandschneider, in der die begüterten Tuch- und Fernhändler zusammengeschlossen waren. Ihre Mitglieder führten mit Fackeln und Wachslichtern die Prozession an. Es folgten die vier ratsfähigen Großen Ämter der Bäcker, Knochenhauer, Schuhmacher und Schmiede, anschließend die Kleinen Ämter wie Wollenweber, Goldschmiede, Krämer, Kürschner, Hutmacher, Schrader, Steinmetze, Müller, Ölschläger, Leineweber und Bader. Die in dieser Prozessionsordnung genannten Ämter, neben denen es natürlich noch weitere nicht organisierte Berufszweige gab, hatten aufgrund des Zunftzwanges, nach dem niemand ein zünftiges Gewerbe ausüben durfte, der nicht einer Gilde oder einem Amt angehörte, einen monopolartigen Einfluss im städtischen Wirtschaftsleben.

Kirchen und Kapellen, Klöster und Klosterhöfe

Im 14. Jahrhundert muss Hannover fast durchgängig Baustelle gewesen sein. Die Vollendung der Stadtmauer zog sich bis in die zweite Hälfte des Jahrhunderts hin. Zwischen 1319 und wahrscheinlich 1388 wurde die in der ersten Hälfte des 12. Jahrhunderts errichtete, aber erst 1238 erstmalig erwähnte St. Georgskirche durch den heutigen Bau, die Marktkirche, ersetzt, die noch während der Bauzeit einen zweiten Patron erhielt und seit 1342 St. Jacobi et Georgii heißt. 1330/33 erhielt die vom Marktkirchensprengel nördlich abgeteilte Parochie mit der Kreuzkirche ein eigenes Gotteshaus. Als dritter Sakralbau wurde die 1160/63 erbaute romanische Basilika St. Aegidien ab 1347 durch eine gotische Hallenkirche ersetzt.

Die drei Kirchen waren in ihrer Größe keineswegs denjenigen der reichen Städte Lübeck oder Lüneburg vergleichbar. Sie spiegelten das finanzielle Leistungsvermögen einer damaligen Mittelstadt wider, das dennoch beachtlich war, denn um 1350 soll die Pest etwa ein Drittel der 3500 bis 4000 Einwohner dahingerafft haben. Entweder war die Zahl der Pestopfer nicht so hoch wie immer angegeben, oder es herrschte trotz des Bevölkerungsverlustes nach wie vor eine gute wirtschaftliche Konjunktur. Allerdings wurde dem Rat der für die Marktkirche geplante Spitzturm dann doch zu teuer.

Die Gründe nannte der Senior des Geistlichen Stadtministeriums (heute Stadtsuperintendent), Pastor Georg Hilmar Ising 1695 in seiner *Chronica Hannovera*: »Die Bauleuthe seind muede und im Säckel kranck worden und haben den Thurm an seinen vier Giebeln und Archen best, wie sie gekunt, zugedecket, diese itzige geringe Spitze hinauffgesetzet und damit das Werck in den Schutz Gottes befohlen.«

Neben den Gotteshäusern gab es noch einige Kapellen. Als älteste die bereits 1241 auf der Burg Lauenrode vorhandene und mit dieser 1371 zerstörte St. Gallenkapelle. Die seit 1378 in der Neustadt stehende Marienkapelle wurde dort zur Pfarrkirche und ist als Vorgängerin der Neustädter Hof- und Stadtkirche St. Johannis anzusehen. Zwei weitere Marienkapellen gab es seit 1349 vor dem Aegidientor und auf dem Marienroder Hof. Neben der Heiligengeistkapelle vor dem inneren Steintor wurde eine Kapelle außerhalb des Steintors 1284 als *capella leprosorum*, als Aussätzigenkapelle, und 1323 als Nikolaikapelle erwähnt. Sie war verbunden mit dem gleichnamigen, wohl Mitte des 13. Jahrhunderts von der Stadt errichteten Nikolai-Hospital und dem um 1300 angelegten Friedhof. Ein Ruinenrest der im Luftkrieg zerstörten Kapelle ist zwischen Goseriede und Nikolaistraße erhalten.

Bescheiden war die Zahl der Klöster in der Stadt. Zwischen Leine und Leinstraße bauten sich Ende des 13. Jahrhunderts die Franziskaner, auch bekannt unter den Namen Barfüßer oder Minoriten, ein Kloster. Nach der Reformation von der Stadt eingezogen, wurde es zu vielfältigen Zwecken genutzt und nach 1636 zum Residenzschloss umgebaut. Neben dieser Anlage sind nur noch kleinere klosterähnliche Niederlassungen der Pauliner, der Karmeliter und der Augustiner überliefert.

Anstelle eines vollwertigen Nonnenklosters gab es in Hannover nach Vorbildern aus Brabant ein Beginenhaus, deren in ordensähnlicher Gemeinschaft lebende Bewohnerinnen sich der Pflege Armer und Kranker widmeten. An die Beginen erinnert der 1357 in unmittelbarer Nähe des Gartens ihres »Süsternhauses« (Schwesternhaus) errichtete Beginenturm.

Klöster aus der Umgebung Hannovers richteten sich innerhalb der Stadtmauern Höfe ein, von denen aus der Verkauf der

Erträge ihrer Landwirtschaft erfolgte, die aber auch als Zuflucht in kriegerischen Zeiten dienten, zuletzt im 30-jährigen Krieg. Von den fünf Klosterhöfen blieb nur der 1293 angelegte Loccumer Hof zwischen Osterstraße und Stadtmauer erhalten. Mehrfach umgebaut, war er von 1925 bis zu seiner Zerstörung 1943 Dienstsitz des hannoverschen Landesbischofs.

Von der Fürsten- zur Stadtschule

Das hannoversche Schulwesen hatte seinen Ursprung in der bereits 1267 als *schola in honovere*, als Schule in Hannover, erwähnten, zur Burg Lauenrode gehörenden Schule, an deren Rektorwahl die Stadt seit 1282 von den Burgmannen beteiligt wurde. Nachdem die Stadt 1315 neben dem Pfarrhaus der Marktkirche ein neues Schulhaus gebaut hatte, gelang es ihr 1348, diese Lateinschule, die aufgrund ihres Ursprungs eine Art Fürstenschule war, ganz in die Hand zu bekommen. Mit dem Privileg von 1348 hatte sie weiterhin das Recht erhalten, noch andere Schulen einzurichten. Infolge der Reformation entstanden neben der Lateinschule die städtische Schreib- und Rechenschule für jene Kinder, die keine Gelehrtenbildung anstrebten, sowie einige Parochialschulen. Im 17. und 18. Jahrhundert kamen einige Freischulen hinzu, in denen man kein Schulgeld zahlte. Bis zur Mitte des 19. Jahrhunderts hatte die Stadt nahezu das gesamte, inzwischen ausgebaute und anders geordnete Schulwesen an sich gezogen.

Wie sah das mittelalterliche Hannover aus?

An die mittelalterliche Stadt erinnert vor allem der Straßengrundriss der Altstadt. Trotz der Anlegung der Durchbruchstraßen im 19. Jahrhundert und einiger Veränderungen in der Nachkriegszeit sind die vier alten vom Aegidien- zum Steintor in süd-nördlicher Richtung führenden Hauptstraßenzüge: Lein- und Burgstraße, Köbelinger- und Knochenhauerstraße, Markt- und Schmiedestraße und im Osten die Osterstraße in

Ansicht Hannovers von Westen. – Holzschnitt aus der Chronik Heinrich Büntings, 1584.

ihrem Verlauf erhalten geblieben, desgleichen die meisten der diese verbindenden schmalen Gassen. An die aufragende Stadt des Mittelalters erinnern nur wenige, nach den Zerstörungen im II. Weltkrieg wieder hergerichtete Massivbauten sowie einige Reste der Stadtmauer und der Beginenturm. Knapp zwei Dutzend frühneuzeitliche, an Burg- und Kramerstraße stehen gebliebene Fachwerkhäuser ließ Stadtbaurat Rudolf Hillebrecht Ende der 1950er-Jahre um einige hierher versetzte entsprechende Fassaden zu einer so genannten Traditionsinsel ergänzen, um nachlebenden Generationen eine Ahnung vom Aussehen der alten Fachwerkstadt zu vermitteln. Das älteste noch vorhandene Fachwerkhaus Hannovers stammt aus den Jahren 1564/66 und steht in der Burgstraße 12.

Zum Bild der Stadt gehörte für jene, die sich dieser mit dem Frachtwagen oder zu Fuß näherten, die meist mehrere Kilometer entfernt um diese herumführende, dem Schutz des Vorfeldes dienende Landwehr, bestehend aus Graben und mit Dornengebüsch bestandenem Wall, wie in einigen Bereichen der Eilenriede noch zu erkennen. An den Straßendurchlässen standen Warttürme und Schlagbäume. Von den elf zwischen 1341 und 1392 errichteten Türmen stehen heute nur noch Döhrener-, Lister- und Pferdeturm, alle drei gegen Ende des 19. Jahrhunderts restauriert und im Heimatstil verändert. An Warttürme oder Landwehrdurchlässe erinnern weiterhin die Pinkenburg in Groß-Buchholz, der Kirchröder Turm, Steuerndieb und Bischofshol, die Ricklinger Landwehr und die Mühle auf dem Lindener Berg, die ein umgebauter Wartturm ist.

1533: Der Schwur auf dem Marktplatz und seine Folgen

In mehr als hundert Jahren gewachsene politische Verkrustungen des Stadtregiments, begleitet von sozialen Ungleichbehandlungen, erwiesen sich Anfang des 16. Jahrhunderts im Zusammenhang mit der bekannt werdenden lutherischen Lehre als Nährboden für ein politisches Aufbegehren. So traf die reformatorische Bewegung in Hannover auf religiöse, politische und soziale Unzufriedenheit, die sich, wie Siegfried Müller dargestellt hat, in drei Phasen ihren Weg bahnte. In der ersten tastete man sich ab Anfang der 1520er-Jahre an Luthers Schriften heran, in der zweiten, 1532 einsetzenden, vergrößerte die Meinheit, in der Lutheranhänger zunehmend Gehör fanden, ihre bisher 12 Köpfe zählende Vertretung auf ein Gremium von 24 Personen, den ersten »convent der gantzen stadt«, der zu einer ständigen Einrichtung wurde. Da der Rat alle politischen, wirtschaftlichen, sozialen und religiösen Forderungen ablehnte, kam es schließlich am 26. Juni 1533 auf dem Marktplatz zum Schwur. Die versammelten Bürger, angeführt von dem Worthalter der Meinheit, Dietrich Arnsborg, bekannten sich zur neuen Lehre. Dieser kühne Schwur, 1913 von Ferdinand Hodler auf einem Monumentalgemälde für das Neue Rathaus dargestellt, brachte Hannover die Reformation von unten – gegen den Rat und gegen den Herzog. Der altgläubige Rat floh nach Hildesheim.

Diese dritte Phase der Reformation mündete in eine das Stadtregiment auf eine breitere Basis stellende Verfassung, der-

„Einmütigkeit“: Einführung der Reformation in Hannover. – Kolossalgemälde von Ferdinand Hodler im Neuen Rathaus, 1913.

zufolge bei der Ratswahl am 26. April 1534 von den 12 Sitzen im Rat, einschließlich des Bürgermeisters, auf die Kaufleute statt bisher vier nur noch zwei Sitze entfielen. Die beiden anderen erhielten die Kleinen Ämter. Je vier erhielten die Großen Ämter und die Meinheit. Als Bürgervertretung konstituierte sich jenes Gremium, das sich als »convent der gantzen stadt« gebildet hatte. Es bestand fortan aus drei Kurien: Kaufleute vier Sitze, Meinheit 20, einschließlich der Vertreter der 1546 in Erscheinung tretenden Brauergilde, und Ämter 12. An dieses Gremium knüpfte sich im Lauf des 16. Jahrhunderts die Bezeichnung »Die zu Rathaus gehende Gemeinde«. Angeredet wurde sie als »Ehrliche (= Verehrliche) Gemeinde«. Damit war die Grundlage gelegt für ein Stadtregiment, bestehend aus dem verwaltenden Rat und der beratenden Ehrlichen Gemeinde. Als erster Bürgermeister nach der Reformation wurde Antonius von Berckhusen vereidigt.

DIE ERSTE »STADTKÜNDIGUNG«

Diese Neuordnung des Stadtregiments wurde noch im gleichen Jahr ergänzt durch die erste der so genannten »Stadtkündigungen«. Dem Typ der städtischen »Polizeyordnungen« entsprechend reglementierten diese den innerstädtischen Alltag, um den sozialen Frieden und das ständische Gefüge in der Stadt zu sichern.

Der Celler Generalsuperintendent Urbanus Rhegius schrieb der Stadt eine Kirchenordnung. Die Stadt übernahm die Aufsicht über die Kirchen und aufgrund der Einziehung kirchlicher Vermögen die Pflicht zur öffentlichen Fürsorge. Da das unter anderem auf das selbstständige Lesen der Bibel setzende Luthertum zu einer Art Volksbildungsbewegung wurde, widmete sich der Rat auch verstärkt dem Schulwesen.

Städtische Außenpolitik in ihrer letzten Phase

In den nachreformatorischen Jahrzehnten sah sich die Stadt angesichts des wieder erstarkenden Landesfürstentums außenpolitisch mehrfach in kritischen Situationen. Herzog Erichs I. wieder aufflackernden Widerstand gegen den Übertritt der Stadt zum Luthertum konnte sie zwar in einem Bündnis mit befreundeten Städten abwehren. Doch blieb sie skeptisch und schloss sich 1536 dem Schmalkaldischen Bund protestantischer Reichsstände an. Nach dem Tode des Herzogs 1540 beruhigte sich die Lage, denn seine Witwe, Herzogin Elisabeth, die für den minderjährigen Erich II. die Regentschaft übernahm, war bereits 1538 zum lutherischen Glauben übergetreten. Mit Hilfe des reformatorischen Theologen Antonius Corvinus führte Elisabeth in den Fürstentümern Calenberg-Göttingen die Reformation ein und erließ 1542 die von Corvinus verfasste Kirchenordnung.

Als der inzwischen volljährige Erich II. 1546 anstelle seiner Mutter die Regierung übernahm und zum Katholizismus übertrat, geriet das hiesige Luthertum wieder in Gefahr. Entspannung trat erst ein, als der Augsburger Religionsfriede von 1555 den Protestanten die freie Religionsausübung zuerkannte und eine 60-jährige Friedenszeit begann. Doch mit einer eigenen Außenpolitik war es vorbei, als nach dem Tode Erichs II. die Stadt Hannover mit den Fürstentümern Calenberg-Göttingen 1584 an die eine frühabsolutistische Politik verfolgenden Herzöge von Braunschweig-Wolfenbüttel fiel.

Im Dreißigjährigen Krieg glimpflich davongekommen

Hatte die Stadt noch 1619 von dem schwachen Herzog Friedrich Ulrich die Blutgerichtsbarkeit erlangt und war damit der Reichsfreiheit ein Stück nähergekommen, sah sie sich 1625 von den Kriegshandlungen bedroht. Fortan richtete sich das Hauptaugenmerk der Stadtpolitik darauf, weder den Feind noch den Freund in die Stadt hereinzulassen, in der zudem zwischen 1624 und 1626 mehrfach die Pest aufflackerte und viele Menschen vom flachen Lande Zuflucht suchten. 1623 standen Flüchtende der geschlagenen Armee des Herzogs Christian von Braunschweig-Lüneburg und Bischofs von Halberstadt, des tollen Halberstädters, vor den Toren. 1625 wurde eine dänische Besatzung in der Stadt erst akzeptiert, als Tilly, Feldherr der katholischen Liga, die Veste Calenberg erobert hatte und auf Hannover marschierte. Da er darauf verzichtete, die Stadt anzugreifen, wurden die Dänen 1626 wieder hinauskomplimentiert. Wiederholt musste die Stadt erhebliche Kontributionen aufbringen, auch dann noch, als das welfische Gesamthaus, dessen Herzöge sich in entscheidenden Fragen des Krieges nicht hatten zu einer gemeinsamen Politik aufraffen können, bereits 1642 in Goslar einen Separatfrieden mit dem Kaiser geschlossen hatte und aus der Reihe der Krieg führenden Mächte ausgeschieden war – zum eigenen Schaden, wie sich bei den Verhandlungen des Westfälischen Friedens herausstellte. Doch war die Stadt Hannover während des Dreißigjährigen Krieges weder beschossen, noch erobert und besetzt worden. Sie war weitgehend ungeschoren davongekommen, ihre Finanzen und ihre Wirtschaft hatten allerdings erheblichen Schaden genommen.

Welfische Residenzstadt

1636 – Von der Landstadt zur Residenzstadt

Mit dem Jahr 1636 begann ein völlig neuer Abschnitt in der Geschichte der Stadt Hannover. Aus der welfischen Landstadt, die nach Reichsfreiheit gestrebt hatte, wurde quasi über Nacht eine in den entstehenden absolutistischen Staat integrierte welfische Residenzstadt. Am 18. Februar 1636, als Rat und Bürgerschaft Herzog Georg huldigten, dem in der letzten großen Erbteilung innerhalb des welfischen Gesamthauses 1635 die Fürstentümer Calenberg-Göttingen zugefallen waren – sein Sohn Johann Friedrich erhielt 1665 das Fürstentum Grubenhagen hinzu – bekräftigte der Herzog in einem so genannten »Residenzvergleich« seine Entscheidung, Hannover, die damals schon recht gut befestigte und größte Stadt seiner Fürstentümer, zu seiner Residenz zu nehmen. Die erheblichen Bedenken des Rates wies er zurück in »der gnedigen Zuversicht, eß werden Burgemeister und Raht auch gemeine Stadt ein solches mehr für eine besonderen Gnade erkennen, als sich deswegen zu beschweren, Anlaß und Ursache haben«. (Residenzvergleich, S. 200)

Trotz aller fürstlichen Versprechungen war der Rat offenbar nicht in der Lage, sich der Beseitigung der vielfältigen Kriegsfolgen erfolgreich anzunehmen. Zudem schienen weder er noch die Wirtschaftskorporationen in der Lage, die Chancen zu erkennen, die sich aus der Residenzerhebung für die Stadt ergaben. Der Hof entwickelte sich bis 1713/14 mit 360 Beschäftigten zum größten Arbeitgeber in der Stadt und trat aufgrund seiner Repräsentationsbedürfnisse als größter Konsument auf. Zugleich vermehrte sich das Personal in den entstehenden Zentralbehörden und in der Garnison. Doch blieb allen Versuchen, das Stadtregiment zu sparsamerer und effektiverer Verwaltung anzuhalten, wie es 1650 mit einer Verkleinerung der Verwaltung, 1676 mit Hilfe einer staatlichen

Herzog Georg von Calenberg. – Kupferstich von W. Schwan, 1641.

Kommission oder 1692 mit einer Reform der Gilden versucht wurde, der durchschlagende Erfolg versagt.

Wie es um das soziale und wirtschaftliche Gefüge der Bewohner der neuen Residenzstadt stand, hatte der Rat immerhin in einer bereits 1656 erlassenen, die Einwohnerschaft nach Amt, Ansehen und steuerpflichtigem Einkommen in sechs Stände einteilende Ordnung aufgeschrieben:

Diese Klassifizierung fand ihre Ergänzung in der von der Regierung 1689 zur Finanzierung der Türkenkriege durchgeführten Kopfsteuerbeschreibung, nach der in der Altstadt gut 10 000, in der Neustadt etwa 2000 Menschen lebten. Die Steuerlisten enthalten sowohl Angaben zu deren wirtschaftlicher Situation als auch zur Sozialtopographie. Danach konnten sich höchstens 15 % der Bevölkerung, vorwiegend Händler, höhere Hofbedienstete und wenige Handwerker einen über das Nahrungsprinzip oder die Bedarfsdeckung hinausgehenden Lebensstandard leisten. 20 % waren so arm, dass sie nur sehr wenig oder gar keine Steuern zahlen mussten. »Sozial und wirtschaftlich angesehene Personen wohnten am Markt oder in

DIE SECHS STÄNDE

1. Bürgermeister, Syndikus, Doktoren, Licentiaten, Prediger, Magister, Kammerherren, Ratsherren aus der Kaufmannschaft und aus der Meinheit, Angehörige der alten Geschlechter und ihnen sozial gleichgestellte Zugezogene;
2. Ratsherren aus den so genannten großen und kleinen Gilden, Kaufleute, Bürger mit mehr als 3000 Talern jährlichem steuerpflichtigen Einkommen;
3. Brauer, Bürger mit mehr als 2000 Talern;
4. Bürger mit mehr als 1000 Talern;
5. Geringer vermögende Bürger;
6. Tagelöhner, Knechte, Mägde usw.

(Aus: Hannover Chronik, S. 53)

der Kramerstraße. Die Schmiedestraße fiel schon ab. Die Osterstraße war die Straße der normalen kleinen und mittleren Leute. Der Rösehof oder der Potthof aber waren Slums.« (Stadtgesch. I, S. 196)

Nachdem die genannte Regierungskommission zwei Jahrzehnte geprüft hatte, griff Kurfürst Georg Ludwig durch. Er entließ den als unfähig eingestuften Rat seiner Residenzstadt und verordnete dieser im Zuge seiner absolutistischen Politik 1699 ein neues Stadtreglement. Der Magistrat wurde auf 12 Mitglieder einschließlich der beiden Bürgermeister beschränkt. Zu seinen Rechten gehörte es, die in drei Kurien eingeteilte, aus 42 Mitgliedern bestehende Ehrliche Gemeinde zu berufen, die schon aufgrund dieses Auswahlverfahrens hinsichtlich ihres Einflusses weit hinter dem Magistrat zurückstand. Angesichts dieser herausgehobenen Stellung des Magistrates, bei dem nach Heiligers Rathäuslichem Schematismus von 1771 die »Allzuständigkeit für die gesamte Verwaltung« lag, boten die Ämter der Bürgermeister den inzwischen juristisch vorgebildeten und politisch geschickten Amtsinhabern wie Christian Ulrich Grupen, der ab 1725 im *corpus bonorum civitatis* Grundbesitz, Vermögen, Rechte und Lasten der Stadt zusammengestellt hatte, Ernst Anton Heiliger, Wilhelm August Alemann und Christian Philipp Iffland im 18. und frühen 19. Jahrhundert trotz aller staatlichen Aufsicht durchaus Gestaltungsspielraum.

Hof und Regierung bauen

Im Mai 1637 hatte die Stadt das vielfältig genutzte Minoritenkloster an den Herzog abtreten müssen, der es als Residenz und Hofstatt ausbauen ließ und im Dezember 1640 erstmals für einige Tage darin wohnte. Der Schlossbau, auf dem engen Klostergrundstück bescheiden in Fachwerk errichtet, blieb trotz mehrfacher An- und Umbauten ohne äußeren barocken Glanz. Sehenswert waren einige spätere Erweiterungen und Teile der Innenausstattung: die Schlosskirche mit dem Reliquienschatz der Welfen, dem später so genannten Welfenschatz, die darunter befindliche Fürstengruft, das Komödienhaus, der Rittersaal mit dem nach Leibniz' Bildprogramm in die Decke eingefügten welfischen Ahnenporträts sowie das Opernhaus, das seiner rot-goldenen Ausstattung wegen als das »Goldene Haus« europaweit Aufsehen erregte. Ernst August hatte es am 30. Januar 1689, zu Beginn des Karnevals, mit der Uraufführung der Oper »Enrico Leone«, dt. Heinrich der Löwe, eröffnet. Die Musik hatte Agostino Steffani komponiert, das Libretto stammte vom Hofpoeten Hortensio Mauro.

Die Wahl dieses Opernthemas hatte natürlich einen politischen Hintergrund: Es sollte an den großen welfischen Ahnherrn erinnern und damit den aktuellen Machtanspruch des Welfenhauses unterstreichen.

»EIN NETTES THEATRUM«

ZEITZEUGE

Der Engländer John Toland schrieb über das Aufsehen erregende Theater: »Es ist allda ein nettes Theatrum mit schönen Logen vor Leute mit allerhand Condition und zahlet allda kein Mensch, sondern der Churfürst thut alles auf seine Kosten, [...] sowohl denen Leuten in der Stadt als denen bei Hofe ein Vergnügen zu machen. Das Opernhaus aber in dem Schloss wird von allen Reisenden billig als eine Rarität besehen sintemahl dasselbe sowol der Malerei als der Einrichtung wegen das beste von ganz Europa ist [...]«
(John Toland, zitiert nach Fischer, S. 11)

Mit Ausnahme des Ballhofs, für den man in der schon dicht bebauten Stadt offenbar nur einen Bauplatz auf einem Hinterhof gefunden hatte, entstanden weitere höfische Bauten zwischen 1641 und 1712 wie das Schloss ebenfalls am Rande der Stadt. Sie zogen sich mit dem Zeughaus am Beginenturm, mit Marställen, Reitbahnen und weiteren dazugehörenden Gebäuden am Hohen Ufer entlang bis zur heutigen Goethestraße. Zu den vorhandenen Hofbauten erwarb die Krone 1786 das seit dem 19. Jahrhundert so genannte Alte Palais in der Leinstraße, das Geburtshaus der späteren Königinnen Luise von Preußen und Friederike von Hannover.

Die Calenberger Neustadt – Hannovers »Große Freiheit«

Eines der wichtigsten Anliegen Herzog Georgs war der Bau einer noch stärkeren und weiter in das städtische Vorfeld ausgreifenden Befestigung, in die er gegen den Willen des Altstädter Rates auch die zu Ausbau und Aufsiedlung anstehende Calenberger Neustadt einzubeziehen angeordnet hatte. Denn er hoffte, der verteidigungstechnischen Vereinigung würden die politische und die wirtschaftliche folgen. Als der Herzog Anfang April 1641 unter ungeklärten Umständen überraschend in seiner provisorischen Residenz in Hildesheim verstarb, hinterließ er zwar keine neue Befestigung, die erst zwischen 1646 und 1657 in seinem Sinne vollendet wurde, wohl aber mit Kanzlei, Hofgericht, Konsistorium und den Anfängen einer Garnison immerhin Ansätze einer Zentralregierung.

Während die Politik der Herzöge in der dicht besiedelten Altstadt auf mancherlei Schwierigkeiten unterschiedlicher Art stieß, war derlei in der ihrem Gerichtsschulzen unterstehenden Calenberger Neustadt, deren Anfänge im Schatten der Burg Lauenrode lagen, nicht zu befürchten. 1651 erließ Herzog Georg Wilhelm ein Bauedikt, das neben stadtbildprägenden Vorgaben im Rahmen des barocken Städtebaus auch wirtschaftspolitische Aussagen enthielt. In den folgenden Jahrzehnten entstand in der Neustadt Wohnraum für die zunehmende Zahl der bei Hof und Regierung des aufsteigenden Staates Beschäftigten. Hier war Baugrund für Behördenbauten, wie für den ersten Archivzweckbau innerhalb Deutschlands, für Adelspalais und Hotels vorhanden. Damit jeder seinen eigenen Glauben leben konnte, wurden in der Neustadt Kirchen unterschiedlicher Konfessionen gebaut, französische Glaubensflüchtlinge und Juden auch wegen ihrer besonderen Professionen geduldet und nicht zunftgebundene Handwerker angesiedelt.

HINTERGRUND

GOTTESHÄUSER IN DER NEUSTADT

Da die Altstadt seit 1588 ausschließlich den Lutheranern vorbehalten war, entstanden die Gotteshäuser für die anderen Glaubensrichtungen in der Neustadt: für die französische (1699) und für die deutsche reformierte Gemeinde (1703), für die Juden (1703/04) und für die Katholiken (1711/18), denen Herzog Ernst August in den Verhandlungen über die 9. Kurwürde den Bau einer Kirche hatte zusagen müssen. Als erste war 1666/70 die evangelisch-lutherische Hof- und Stadtkirche St. Johannis als Gemeindekirche für die Neustadt sowie als Ersatz für die Schlosskirche gebaut worden, die der zum Katholizismus übergetretene Herzog Johann Friedrich den von ihm an den Hof berufenen Kapuzinern überlassen hatte. Auf diese Weise bildeten die Gotteshäuser im Einzugsbereich des Straßenzuges »Rote Reihe« so etwas wie eine Meile der Toleranz. Insgesamt wuchs hier vor den Toren Hannovers jene »Große Freiheit«, wie sie bereits 1611/12 vor Hamburgs Toren in dem damals dänischen Altona entstanden war.

Im Zuge ihres weiteren Ausbaus erhielt die Calenberger Neustadt, die ihren Namen nach dem durch ihre Tore zu erreichenden Fürstentum führte, 1671 ein Marktprivileg, 1709 den Rang der kleinen Städte und 1714 das Recht der Landstandschaft sowie der Berufung eines allerdings nur für wirtschaftliche Belange zuständigen Rates.

Der Hof – im Sommer vor den Toren

Hinaus in das Umland

Im 17. und 18. Jahrhundert war die städtebauliche Entwicklung Hannovers durch eine seltsame Gegenläufigkeit gekennzeichnet. Während einerseits ein neuer, weit ausgreifender starker Befestigungsgürtel die Stadt wehrtechnisch, rechtlich und optisch vom Umland abhob, wurde diese strenge Trennung andererseits sowohl von Hof und Adel als auch von Rat und Bürgern einem bereits im 17. Jahrhundert einsetzenden Auflösungsprozess unterzogen. Hof und Adel ließen sich bis in die Dörfer Herrenhausen – wo die großartige Sommerresidenz entstand –, nach Linden – wo bereits 1645/52 der Küchengarten für die Schlossküche angelegt wurde – und bis nach Kirchrode nieder, wo Herzog Johann Friedrich 1678/79 den Tiergarten anlegen ließ.

»Nur mit dem Herrenhäuser Garten können wir prunken«

Die umfangreichsten höfischen Anlagen entstanden mit den Herrenhäuser Gärten im Dorf Höringehusen, wo Herzog Georg bereits 1638 einen Wirtschaftshof für die Schlossküche hatte anlegen lassen. Herzog Johann Friedrich, für den zum Stadtschloss selbstverständlich eine Sommerresidenz mit einem Lustgarten gehörte, ließ 1666 mit Schlossbau und Anlegung des Gartens beginnen. Dessen letzte und bedeutendste Ausbauphase fiel in die Zeit des Kurfürsten Ernst August und seiner Gemahlin Sophie. Die Kurfürstin wurde mit den französischen Gartenkünstlern Henri Peronnet und Martin Charbonnier zur eigentlichen Schöpferin des nach französischen und niederländischen Vorbildern gestalteten Gartens, in dem als anspruchsvolle Anlage 1689/93 ein Heckentheater angelegt wurde, das älteste seiner Art in Deutschland, das noch heute allsommerlich bespielt wird. – Dass der Große Garten mit seiner in architektonischer Strenge gebändigten Natur nicht in einen Landschaftsgarten umgestaltet wurde, ist hauptsächlich der Abwesenheit der König-Kurfürsten während der Personalunion zu verdanken.

Von den Bauwerken, die mit dem Garten direkt oder indirekt verbunden sind, ragt das ursprünglich als Orangerie ge-

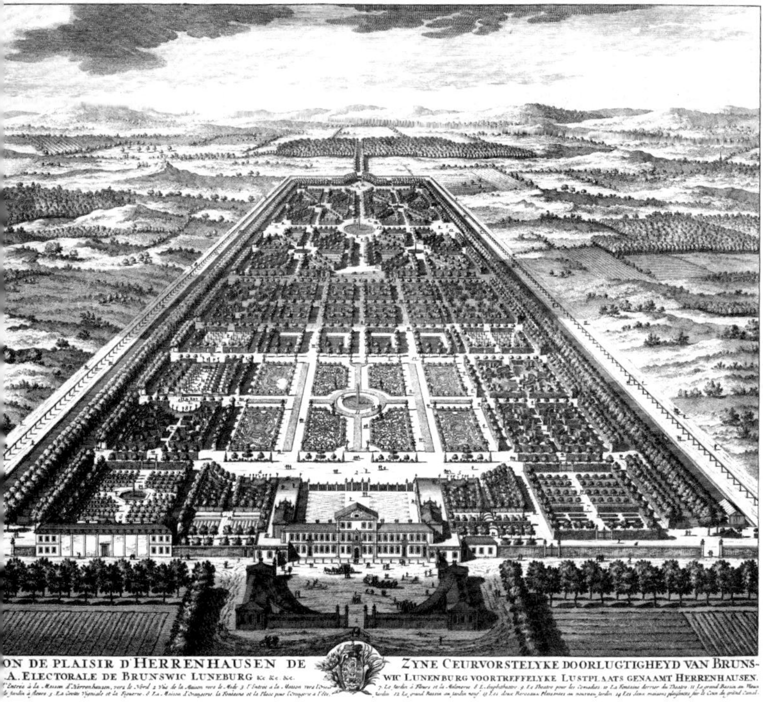

Der Große Garten zu Herrenhausen aus der Vogelschau von Norden. – Kupferstich, um 1710.

plante Galeriegebäude heraus, das auch als erster Bauabschnitt einer größeren, nicht ausgeführten Schlossanlage interpretiert wird. Das daneben bescheiden wirkende Schloss wurde im Luftkrieg 1943 zerstört und 2011/12 in der ihm von Hofbaumeister Georg Ludwig Laves 1820/21 verliehenen klassizistischen äußeren Gestalt wieder aufgebaut.

Nahezu zeitgleich mit dem Parterre des Großen Gartens wurde auf der leichten Erhebung einer teils abgetragenen Sanddüne, daher der Name Berggarten, ein Küchengarten angelegt, der schon sehr bald auch zur Sammelstelle für exotische Pflanzen wurde und sich im Laufe des 18. Jahrhunderts, anfangs gefördert von der Kurfürstin Sophie und ihrer Tochter Sophie Charlotte, zu einem botanischen Garten entwickelte. Schon in seiner Frühzeit wurde dieser Küchengarten auch für unterschiedlich erfolgreiche wissenschaftlich-ökonomische

Versuche genutzt, wie den Anbau von Reis, Tabak und Maulbeerbäumen. In der ersten Hälfte des 19. Jahrhunderts erhielt der Berggarten zwei von Laves entworfene Highlights: 1818/20 die in die Sichtachse der Allee gesetzte Gartenmeisterwohnung, heute als Bibliothekspavillon bekannt, und das auf Geheiß König Ernst Augusts 1842/47 nach dem Vorbild im Park des Berliner Schlosses Charlottenburg in der verlängerten Mittelachse des Großen Gartens erbaute Mausoleum.

BIOGRAFIE

HERMANN WENDLAND

Im Berggarten blühte 1851 zum ersten Mal eine »Victoria Regia« auf dem europäischen Kontinent. Von hier aus begann die von dem Botaniker und Oberhofgärtner Hermann Wendland aus Mittelamerika eingeführte Flamingoblume 1858 ihren Siegeszug als Zimmerpflanze. Derselbe Wendland machte 1893 das aus Ostafrika stammende Usambara-Veilchen im Berggarten und damit in Deutschland heimisch. Darüber hinaus galt er als ausgewiesener Experte für Palmengewächse. Nur wenige Jahre nach Inbetriebnahme des von Laves 1849 fertig gestellten neuen Palmenhauses hatte Wendland dort die größte Palmensammlung herangezogen, die bereits nach drei Jahrzehnten einen Neubau erforderlich machte, der 1945, kurz vor Kriegsende, zerstört wurde.

Beiderseits der 1726/27 von Hofgärtner Ernst August Charbonnier mit 1300 Linden angepflanzten fast zwei Kilometer langen Allee, die 1972/4 erneuert werden musste, legte der Hofadel seit Anfang des 18. Jahrhunderts seine Sommersitze an, in denen künstlerischer und festlicher Zeitvertreib ein Panorama hannoverscher Adelskultur entfaltete. Darunter auch der als illegitimer Sohn Georgs II. am Londoner Hof aufgewachsene Graf Ludwig von Wallmoden, der ab 1766 den größten Teil der dortigen Barockgärten erwarb und sie in den 1770er-Jahren zu einem englischen Landschaftspark umgestaltete. In seinem 1779/82 erbauten, heute vom Wilhelm-Busch-Museum genutzten Palais zog seine qualitätvolle Skulpturen- und Gemäldesammlung viele auswärtige Besucher an. Nachdem die Krone seinen Besitz und weitere Gärten aufgekauft hatte, erhielt diese Garten- und Parklandschaft 1831 den Namen Georgengarten. Auf der anderen Seite der Allee war aus mehreren älteren Gärten im 19. Jahrhundert der Welfengarten hervorgegangen, in dem ab 1857 Hofbaumeister Christian Heinrich Tramm, der Vater des späteren Stadtdirektors, das Welfenschloss, heute Hauptgebäude der Leibniz-Universität, errichtete. Mit Ausnahme des Mausoleums und der auf dieses zuführenden Allee sind die Herrenhäuser Gärten heute im Besitz der Stadt und das Schönste, was diese zu bieten hat.

Nachrichten vom Hof

Barocke Herrschaftsrepräsentation. Die neunte Kur

Der hannoversche Hof war mit Stadtschloss, Sommerresidenz und sonstigen Zubehörungen eine Gesamtinszenierung barocker Herrschaftsrepräsentation. Die Glanzlichter der dahin führenden Politik lagen in den Jahrzehnten zwischen dem Regierungsantritt Herzog Johann Friedrichs 1665 und dem Beginn der Personalunion 1714. Für ein halbes Jahrhundert stand die Stadt Hannover im Zeichen dieses lebendigen Macht- und Repräsentationszentrums, hinter dem alles, was sonst in der Stadt geschah, verblasste. Die politischen und kulturellen Grundlagen legte Herzog Johann Friedrich, der als Fürst des Absolutismus nach dem Motto regierte: »Ich bin Kaiser in meinem Lande«. Sein Hauptinteresse galt Kunst und Wissenschaft. Ihm gelang es 1676, den erst dreißigjährigen Juristen, Mathematiker und Philosophen Gottfried Wilhelm Leibniz, dem schon damals ein respektabler Ruf vorauseilte, als Bibliothekar zu gewinnen. Nachfolger Johann Friedrichs wurde 1679 sein jüngster Bruder Ernst August, aufgrund einer Bestimmung des Westfälischen Friedens seit 1661 Bischof von Osnabrück. Für die Zeitgenossen war er der erste Edelmann Europas. Ernst August liebte die Feste, die Oper, die Konzerte, das Schauspiel und den Karneval, die, wie Politik und Bauten, der Selbstdarstellung von Herrscher und Hof dienten.

Doch allem voran stand für Ernst August, der auch ein tapferer Krieger war, seine konsequent auf die Erlangung der

Verherrlichung des Kurfürsten Ernst August. – Ölbild eines unbekannten Künstlers, nach 1692.

9. Kurwürde ausgerichtete Politik, die er propagandistisch mit einer von Leibniz zu schreibenden Geschichte des Welfenhauses hatte wirkungsvoll untermauern wollen. Doch Leibniz' alles in allem fruchtbare Arbeit wurde dem eigentlichen Auftrag nicht gerecht. Für die Ernst August am 23. Dezember 1692 von Kaiser Leopold I. verliehene 9. Kurwürde hatte der Herzog enorme finanzielle und vor allem in den Türkenkriegen militärische Vorleistungen erbracht und sich als Meister der Diplomatie erwiesen. Der hannoversche Kurhut war schließlich der teuerste Hut der Weltgeschichte.

HINTERGRUND

DER NAME DER STADT GEHT AUF DAS KURFÜRSTENTUM ÜBER

Die Verleihung der 9. Kurwürde an Herzog Ernst August machte aus dem 1235 gebildeten Herzogtum Braunschweig-Lüneburg 1692 das gleichnamige Kurfürstentum. Doch setzte sich sehr bald die staatsrechtlich nicht korrekte – aber kürzere – Bezeichnung Kurfürstentum Hannover oder Kurhannover durch. Der Name der von den Welfen enorm aufgewerteten Residenzstadt Hannover begann Ende des 17. Jahrhunderts auf deren Territorium überzugehen.

»Mit Königsmarck ist es so hergegangen«

Auf allen Jubel über die Rangerhöhung fiel im Sommer 1694 ein Schatten. Die »affaire de coeur« des gut aussehenden jungen Grafen Christoph Philipp von Königsmarck mit der hübschen und lebenslustigen, von ihrem Mann zugunsten seiner Mätressen vernachlässigten Kurprinzessin Sophie Dorothea hatte ein böses Ende genommen. Vier gedungene Kavaliere hatten den Grafen in höherem Auftrag auf seinem Weg zur Kurprinzessin im Leineschloss abgefangen und ermordet, den Leichnam in einen mit Steinen beschwerten Sack gesteckt und hinter dem Schloss in die Leine geworfen, die dort wegen des nahen Mühlenkolks wesentlich tiefer war als heute.

Am Hofe hüllte man sich gegenüber den in dieser heiklen Sache nachfragenden fremden Gesandten in Unwissenheit. Zwar bekannte die Kurfürstin in ihren Briefen kurz darauf, sie sei »ziemlich chagrin gewesen über sachen, da ich kein journal von machen werde«, meinte aber zwei Wochen später, sie habe sich wohl gedacht, »dass, was hier vorgegangen durch die welt ein groß geschrei werde machen.« (Geerds, S. 343f.)

Nach der Ehescheidung des Kurprinzenpaares wurde Sophie Dorothea, finanziell zwar gut abgesichert, bis an ihr Lebensende 1726 auf Schloss Ahlden an der Aller gefangen gehalten, ohne dass sie ihre Kinder Georg August, als Georg II. König von Großbritannien, und Sophie Dorothea (II.), später verheiratet mit Friedrich Wilhelm I. von Preußen, je wiedersehen durfte.

»Weil die englische sukzession von solcher importanz ist«

Von allen Besuchen der vielen Gesandtschaften, Minister und Diplomaten, die sich ein Bild von den Aufsteigern an der Leine machen wollten, war die bedeutendste Ambassade zweifellos jene, die am 15. August 1701 unter Leitung des Generalmajors Charles Gerard Earl of Macclesfield mit einem Gefolge von mehr als 70 Personen im Leineschloss eintraf. Macclesfield hatte jene berühmte Sukzessionsurkunde im Gepäck, mit der Parlament und König die 71-jährige Kurfürstinwitwe von Hannover und ihre Nachkommen zu Erben der englischen Krone erklärt hatte. Denn Sophie gehörte über ihre Mutter Elisabeth Stuart, die mit Kurfürst Friedrich V. von der Pfalz, dem Winterkönig von Böhmen, verheiratet war, dem englischen Königshaus der Stuarts an und war protestantischen Glaubens.

Im Februar 1714 schrieb die ahnenstolze Kurfürstinwitwe Sophie an Leibniz, »mein Tod würde schöner sein, wenn meine Gebeine Ihren Wünschen gemäß in Westminster beerdigt werden würden; aber, offen gestanden, gibt mein Geist, der bis jetzt noch meinen Körper beherrscht, mir gegenwärtig gar nicht so traurige Gedanken ein ...« (Bodemann, S. 282)

»An einem Tag Oper, am anderen ... die Freude eines Carnevals«

An guter Musik und vielerlei Lustbarkeiten fehlte es am barocken Hof Hannovers nicht. An der Spitze der 1636 von Herzog Georg gegründeten Hofkapelle, der Keimzelle des heutigen Niedersächsischen Staatsorchesters, die 1639/40 der Komponist Heinrich Schütz geleitet hatte, standen jetzt die Italiener Antonio Sartorio und nach ihm Vincenzo de Grandis. Mit dem Violinisten Nikolaus Adam Strungk und dem Gambisten Clamor Heinrich Abel gehörten ihr zwei weit über Hannover hinaus bekannte Musiker an. 1678 ließ Johann Friedrich zum ersten Mal in Hannover eine Oper aufführen.

Den Höhepunkt im höfischen Festkalender bildete der auch dem hannoverschen Stadtbürgertum zugängliche, von den Herzögen aus der Lagunenstadt importierte Carneval à la Venice, der 1661 an die Stelle der seit ewigen Zeiten im Theatrum des Rathauses gefeierten, wegen mancherlei Übertreibungen vom Rat jedoch bereits 1633 verbotenen Fastnacht getreten war. 1693 wurde der Karneval aus Freude über die Ende des Vorjahres erlangte Kurwürde so ausgiebig gefeiert, dass er die gesamten Jahreseinnahmen des Fürstentums Göttingen verschlang. In den 1730er-Jahren fand dieses höfische Vergnügen dann ein Ende.

»Man hat ihn in Italien sehr gefeiert«

1710 hatte Kurfürst Georg Ludwig, weniger ein Liebhaber der Oper als der Instrumentalmusik, den am europäischen Musikhimmel aufsteigenden Stern, den 25-jährigen Georg Friedrich Händel, als Hofkapellmeister berufen. Die Kurfürstin berichtete im Juni 1710, die Kurprinzessin »ergötzt sich an der Musik eines Sachsen, der alles übertrifft, was ich je auf dem Klavier und in der Komposition gehört habe. Man hat ihn in Italien sehr gefeiert. Er eignet sich zum Kapellmeister« ... »Er ist ein recht schöner Mann.« (Schnath, 1927, S. 187 u. 189)

Doch der aufstrebende Komponist war enttäuscht, dass er in Hannover keine Spielstätte für seine Opern vorfand. Diese hatte der Kurfürst aus Sparsamkeitsgründen schließen lassen. So kehrte Händel 1712 von einem zweiten Urlaub aus London nicht zurück, nicht ahnend, dass ihm sein Dienstherr zwei Jahre darauf ebenfalls an die Themse folgte.

Vom Musenhof in Herrenhausen

Steffani und Händel, mit denen die Musik in Hannover in die Musikgeschichte eingegangen ist, gehörten zu jenem internationalen Kreis, der sich um die intelligente, wissbegierige und weltoffene Kurfürstin Sophie in Herrenhausen geschart hatte. Dessen inneren Kern bildeten die Kurfürstin, ihre Tochter Sophie Charlotte und nach deren Tod 1705 die Kurprinzessin Karoline von Ansbach, Gemahlin des späteren Königs Georg II., vor allem jedoch Leibniz. Aber es gehörte an diesem internationalen Hof noch eine buntere, zu unterschiedlichen Zeiten in Erscheinung tretende Besetzung dazu: darunter weitere Komponisten, Dirigenten, Sänger, Hofpoeten, außerdem

Sophie, Kurfürstin von Hannover. – Ölbild von Andreas Scheits, um 1710.

der eine oder andere der zahlreichen, in diesen Jahren im Leineschloss oder in Herrenhausen wirkenden deutschen, italienischen, französischen, niederländischen und englischen Maler, Bildhauer, Bau- und Gartenkünstler.

Außerdem erschienen in Hannover auch die bekannten Feldherren Prinz Eugen, der Herzog von Marlborough und der auf allen Schlachtfeldern Europas bewährte Condottiere Graf Johann Matthias von der Schulenburg sowie der englische Freidenker und Schriftsteller John Toland. Häufiger war Herzog Anton Ulrich von Braunschweig-Wolfenbüttel zugegen, einer der geistvollsten Welfenfürsten. 1713 erfreute sich die Kurfürstin des Wiedersehens mit Zar Peter dem Großen, dem zu Ehren im Galeriegebäude eine Komödie aufgeführt und ein Ball gegeben wurde, dessen Eröffnungstanz die 83-Jährige mit dem Zaren anführte.

Angesichts des Herrenhäuser Kreises der Kurfürstin, die übrigens auch eine begeisterte Briefschreiberin war, wird in der Literatur davon gesprochen, »dass von hier eine Kultur der Musenhöfe ihren Anfang genommen und bei den Nachkommen Sophies sich fortgepflanzt hat. Charlottenburg, Monbijou, Sanssouci und das Weimar Anna Amalias sind Glieder einer Kette, die in Herrenhausen beginnt und der das deutsche Geistesleben seine feinsten Erinnerungen verdankt«. (Alvensleben/Reuther, S. 19f.)

» ... ein hauffen Papfengezenk und weltliche interessen«

Zu den gelegentlichen Gästen dieses Musenhofes gehörte auch der als Generalsuperintendent und Abt zu Loccum an der Spitze der hannoverschen lutherischen Kirche stehende Gerhard Wolter Molanus. Gemeinsam mit Leibniz beteiligte er sich auf protestantischer Seite an den 1680 von Kaiser Leopold I. angeregten Gesprächen über die Wiedervereinigung der Konfessionen, die nicht zufällig an dem für seine Toleranz bekannten hannoverschen Hof stattfanden. Für die katholische Seite hatte der Kaiser den Bischof von Tina (Dalmatien) Rojas y Spinola nach Hannover entsandt, der im Fortgang der Gespräche, zu denen man sich meist im Loccumer Hof traf, durch den französischen Bischof Jacques Bénigne Bossuet ersetzt wurde. Die fast zwei Jahrzehnte bis 1700, zuletzt brieflich geführten Reunionsverhandlungen scheiterten letztlich an der Verschiedenheit der beiderseitigen Ausgangspositionen. Während die Protestanten von einer gleichberechtigten Partnerschaft ausgingen, kam für die Katholiken nur die bedingungslose Rückkehr der Abtrünnigen in Frage – woran sich bis heute nicht viel geändert hat.

»Darüber könnte man sich mit Leibniz unterhalten«

Gelehrter Mittelpunkt des Herrenhäuser Musenhofes war der von den Fürsten wiederholt auch mit Sonderaufgaben betraute Leibniz, einer der klügsten Männer seiner Zeit, der den fürstlichen Damen bei ihren Spaziergängen im Garten ein willkommener Gesprächspartner, auf Reisen ein geduldiger Briefpartner war. Sie nahmen regen Anteil an seinen politischen Aufträgen wie an seinen philosophischen und religiösen Denk-

Sophie hatte diese Gespräche als Außenstehende verfolgt und schrieb in ihrer verstandesbestimmten, kühlen Art 1690: »Gott lieben von ganssem herzen, von gansser sellen und von ganssem gemütte undt von allen kräften undt seinen Nechsten als sich selber, ist das gesetz und die propheten, wie die Schrift sacht; das andere ist ein hauffen Papfengezenk und weltliche interessen, die die christen von einander halten, da raisonable leute sich nicht an keren. Ich halte, man wirdt ehnen in der andern welt nicht fragen, von was vor ein relion man gewesen ist, sundern, ob man gutts getan hatt«.

(Bodemann, S. 91)

gebäuden, seiner Monadenlehre wie seiner, auch auf viele Fragen der Kurfürstin zurückgehenden Theodizee. Sie führten lange Diskussionen sowohl über die unendlich vielen Dinge, die sie selbst bewegten, als auch über die auf Leibniz' Maxime *theoria cum praxi* beruhenden Versuche, wissenschaftliche Erkenntnisse vor allem in Mathematik und Naturwissenschaften für die Praxis nutzbar zu machen.

Die von Leibniz erdachten zahllosen Projekte reichten von den Wasserkünsten in Herrenhausen bis zu Windmühlen für die Entwässerung der Harzbergwerke, waren aber im Unterschied zur Darstellung des binären Zahlensystems, nach dem er seine Rechenmaschine konstruierte und das heute der Computertechnologie zugrunde liegt, nicht immer erfolgreich.

Leibniz, mit Gelehrten und Fürsten Europas in schriftlichem oder auf seinen vielen Reisen in persönlichem Kontakt, als Ratgeber nicht nur von der Kurfürstin gefragt, vom Zaren, vom Kaiser und vom König in Preußen ausgezeichnet, hätte Hannover nur zu gern mit einer geistig anregenderen und abwechslungsreicheren Stadt vertauscht und war enttäuscht, dass sein Dienstherr Georg I. Ludwig ihn 1714 nicht mit nach London nahm. Zwei Jahre darauf starb er nach langer Krankheit verbittert in dem schönsten, Mitte des 19. Jahrhunderts nach ihm benannten Renaissancebau der Stadt an der Schmiedestraße, dessen im Luftkrieg zerstörte Fassade 1980/83 am Holzmarkt rekonstruiert wurde. Vierzig Jahre hatte Leibniz in Hannover gelebt und gewirkt und Glanz auf den hannoverschen

Büste im Leibniztempel zu Hannover; das Original befindet sich seit 1986 im Technologie-Centrum Hannover. – Kopie der Marmorbüste des irischen Bildhauers Christopher Hewetson, 1789.

Hof und die Stadt gelenkt. Beigesetzt wurde er in der Neustädter Hof- und Stadtkirche St. Johannis. Seit 2005/06 führen die Niedersächsische Landesbibliothek und die Universität Hannover seinen Namen.

Die Kurfürstinwitwe Sophie war ihm am 8. Juni 1714 im Tode vorausgegangen. Sie hatte es nun doch nicht geschafft, ihre 35 Jahre jüngere Nichte, Queen Anne, zu überleben, die am 1. August 1714 verstarb. Doch hatte sie sterben können, wie sie es sich gewünscht hatte, in dem von ihr so geliebten Garten, ohne Arzt und ohne Medizin. An der Stelle, an der sie der Tod ereilte, steht heute ihre 1878 aufgestellte Sitzfigur von Friedrich Wilhelm Engelhardt. »Et is eene kloke Froue un ehr Angedenken my sehr angenehm«, hatte Zar Peter über Sophie gesagt, und ihre Nichte Liselotte von der Pfalz schrieb später: »In ganzen sièclen kommen nicht wieder solche personnen wie unsere Churfürstin vor«. (Knoop, S. 246)

Residenz ohne Herrscher

Fürstliche Repräsentanz

Am 11. September 1714 trat König Georg (I.) aufgrund der Sukzessionsurkunde von 1701, nicht ohne Wehmut, seine Reise nach London an, erließ zuvor aber ein Regierungsreglement »für Unsere allhier hinterlassende Geheimte Räte«. Denn beide Staaten blieben völlig unabhängig voneinander. Sie waren nur durch die Person des Herrschers, also in einer Personalunion, verbunden. Da die Einholung eines königlichen Votums in der Regel zehn bis 12 Tage in Anspruch nahm, verstand es das Ministerium in Hannover, »den Kreis seiner Zuständigkeiten in geschickter Anpassung an die Verhältnisse unmerklich auszuweiten. Mit Stolz betrachteten sich die hochadeligen Exzellenzen als »das vornehmste Regierungscollegium in ganz Teutschland und gefielen sich in der Rolle von Landesregenten« (Schnath, Personalunion, S. 9). In der Stadtgesellschaft nahmen diese obersten Repräsentanten der kurhannoverschen Adelsrepublik den ersten Rang ein. Der Hof blieb mit allem, was dazugehörte, wie Schlösser, Theater, Gärten, Parks, Marställe, Reitbahnen und Jagdreviere, wenn später auch mit Einschränkungen, bis zum Ende der Personalunion in Funktion.

HINTERGRUND ///

VERBEUGUNG VOR EINEM BILDNIS

»Die Hofgesellschaft machte sonntags ihre Aufwartung im Schloss. In dem Empfangssalon stand an einer angemessenen Stelle ein Lehnstuhl, auf dem das Bildnis des König-Kurfürsten stand. Jeder Eintretende verbeugte sich vor demselben und man sprach in diesem Raume so leise miteinander, als ob der Landesherr persönlich zugegen wäre ... Nach einer Stunde gewöhnlich begab sich die Hofgesellschaft in den Speisesaal, wo die Bewirthung nach allen vorliegenden Relationen als ganz vortrefflich geschildert wird«. *(Malortie, Beiträge 7, S. 134)*

König Georg I. (Ludwig) im Krönungsornat. – Kopie nach dem Ölbild von Godfrey Kneller, um 1720.

Georg I. besuchte seine deutsche Heimat fünfmal. Auf der sechsten Reise starb er 1727 bei Osnabrück und wurde in der Fürstengruft des Leineschlosses beigesetzt. Sein Sohn Georg II. weilte zwölfmal in den Stammlanden. Die Herrscherbesuche ließen zur Freude der Hannoveraner in der Stadt die große Zeit vor 1714 wieder aufleben. Sie zogen jedes Mal eine illustre Gästeschar zu politischen Gesprächen, zu Manövern, zu Revuen, zur Jagd, zu Festen und Feiern an. Als Georg II. 1755 infolge des in Nordamerika zwischen Großbritannien und Frankreich ausgebrochenen Kolonialkrieges Hannover eilends verlassen musste, begannen jene 66 Jahre, in denen kein König-Kurfürst seine deutsche Heimat besuchte. Ungeduldige Landeskinder, die ihren Herrscher gern einmal wieder gesehen hätten, wurden von den Beamten dahingehend beschieden, sie möchten es mit dem Landesherrn wie mit dem lieben Gott halten, den sie auch nicht sähen und doch an ihn glaubten.

Nutzen und Nachteile der Personalunion für Hannover

Die Stadt glitt nach dem Weggang des Herrschers, der treibenden Kraft im absolutistisch-merkantilistischen Staat, wieder in die Mittelmäßigkeit ab. Denn die Personalunion, deren Nutzen und Nachteile, auf das gesamte Kurfürstentum bezogen, sich etwa die Waage hielten, brachte für die Stadt auf Dauer mehr Nachteile als Vorteile. Wo andere vergleichbare deutsche Residenzen des 18. Jahrhunderts vom anwesenden Hof auf vielerlei Weise, besonders in wirtschaftlicher Hinsicht profitierten, mit ansehnlichen Schlössern und großartigen Kunstsammlungen ausgestattet wurden, geschah in Hannover nichts dergleichen.

Englische Vorbilder fanden nur wenige Nachahmer: in der Landwirtschaft auf dem Klostergut Marienwerder, im Versicherungswesen bei der Gründung der Landschaftlichen Brandkasse, dazu bei der Gasanstalt auf der Glocksee, die 1826 mit der Lieferung begann, so dass Hannover als eine der ersten Städte des Kontinents die modernen Gaslaternen anzünden konnte. Im kulturellen Bereich zeigte sich englischer Einfluss in den Landschaftsgärten in Marienwerder, Herrenhausen und am Hinüberschen Posthof vor dem Steintor, ferner in Laves' Waterloosäule und im Portikus des Leineschlosses. Johann Heinrich Rambergs satirisch-kritische Zeichnungen waren inspiriert von dem englischen Maler und Kupferstecher William Hogarth. Seit Mitte des 18. Jahrhunderts errichtete man Clubs und Freimaurerlogen nach englischem Vorbild und in der Politik waren es die Verfassungstraditionen Englands, die man zum Maßstab nahm.

BIOGRAFIE /////

FRIEDRICH WILHELM HERSCHEL

Einige Hannoveraner suchten in England ihr Glück, darunter Friedrich Wilhelm Herschel, der sich als bedeutender Astronom qualifizierte. Er fertigte Teleskope, entdeckte den Planeten Uranus, wurde in die Royal Society aufgenommen und zum Hofastronomen ernannt. Beteiligt an seinen Arbeiten war seine Schwester Caroline, die, für erfolgreiche eigene astronomische Beobachtungen vielfach geehrt, 1822 nach Hannover zurückkehrte.

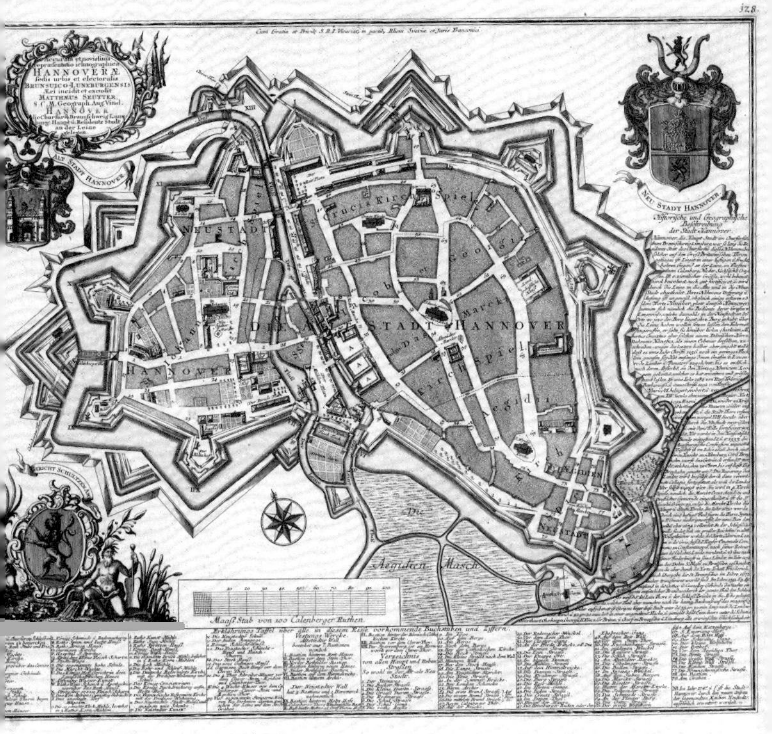

Plan der Stadt Hannover. – Kolorierter Kupferstich von Matthias Seutter, um 1750.

Zwischen Nahrung und Erwerb: Zur Wirtschaft in der Stadt

Trotz der verschiedenen Bemühungen der Regierung, der Wirtschaft in der Residenzstadt zu neuem Auftrieb zu verhelfen, hielt diese in Verkennung der sich mit der merkantilistischen Wirtschaftspolitik bietenden Möglichkeiten weitgehend an ihren traditionellen Zunftzwängen fest. In der Altstadt blieb das Nahrungsprinzip bestimmend, das den Gewerbetreibenden zwar einen festen Platz im städtischen Wirtschaftsleben bot, ihnen aber keine Entfaltung etwa im Sinne einer Wettbewerbswirtschaft gestattete.

BIOGRAFIE

JOHANN DUVE UND ELIESER, GEN. LEFFMANN BEHRENS
Lediglich zwei Unternehmer höchst unterschiedlicher Herkunft hatten sich dem auf Erwerb ausgerichteten Wirtschaften verschrieben: der Kaufmann Johann Duve und der Schutzjude Elieser, gen. Leffmann Behrens. Beider zeitlich aufeinanderfolgenden Aktivitäten umfassten neben anderen Gewerben sowohl einen florierenden Fernhandel als auch sich ständig ausweitende Geldgeschäfte, die sie für die Welfen wie für andere Fürsten zu willkommenen Geschäftspartnern machten. Ihr Aufstieg zu kapitalistischen Unternehmern war nur durch die Zusammenarbeit mit dem Fürsten, einem bisher in der städtischen Wirtschaft noch nie aufgetretenen Geschäftspartner, möglich geworden. Nur so konnten beide vom Erwerbsstreben vorgezeichnete, neue Wege beschreiten. Doch die zurückhaltenden und Neuem gegenüber vorsichtig abwägenden Hannoveraner sahen weniger die in diesen Unternehmen angelegten Erfolgsmodelle als vielmehr deren Scheitern, das dann länger als ein Jahrhundert abschreckend wirkte.

So schleppte sich das Wirtschaftsleben der Stadt bis in das letzte Drittel des 18. Jahrhunderts eher mühsam dahin. Denn auch die von Bürgermeister Ulrich Grupen Mitte des Jahrhunderts gegen die Altstädter Gewerbetreibenden ganz im Sinne des Merkantilismus unter Aspekten der Wirtschaftsförderung und Peuplierung durchgesetzte Anlegung der Aegiedienneustadt blieb der Erfolg versagt. Erst nach dem Siebenjährigen Krieg schien der Export vieler der in den mittlerweile entstandenen nahezu 50 Manufakturen oder kleinen Fabriken produzierten Waren auch das Speditionswesen zu beflügeln, das heute als ausgedehntes Logistikgewerbe ein Markenzeichen für das Verkehrskreuz Hannover ist. Die Anfänge dieses Verkehrskreuzes lagen ebenfalls in dieser Zeit, als die strahlenförmig auf Hannover zulaufenden großen Straßen, mit Kopfsteinen gepflastert, zu Chausseen, weitgehend Vorläufer der heutigen Bundes- und Landesstraßen, ausgebaut wurden.

Mitglieder der Kaufmannschaft gründeten 1785 einen Börsenclub, der »den Flor der hiesigen Handlung« fördern wollte und zu diesem Zweck eine Börse ins Leben rief, die nach etlichen Zwischenstufen jedoch erst 1901 amtlich beglaubigt wurde und seit 1999 eng mit der Hamburger Börse verbunden ist.

Als Commerzrat Christian Ludwig Patje 1796 den Grund für die wirtschaftliche Schwäche der Stadt im Fehlen von Fabriken zu erkennen glaubte, zu deren Betrieb es an »Neigung, Zeit, Geld und Händen« fehle, war dem inzwischen stärker auf Fortschritt setzenden Magistrat längst klar, dass die entscheidenden Hemmnisse für einen wirtschaftlichen Aufschwung in der mangelhaften Anerkennung der in der Wirtschaft tätigen Unternehmer durch die ersten beiden Klassen der hannoverschen Ständegesellschaft lagen. Denn deren Vertreter bestimmten weitgehend das wenig wirtschaftsfreundliche Regierungshandeln. Dieses Klassen- oder Kastenwesen mit seinen undurchdringlichen Schranken trug sowohl dem Kurfürstentum als auch der Stadt die abfällige Beurteilung als rückständig ein.

Nach dem Siebenjährigen Krieg die Befestigung schleifen

Der Siebenjährige Krieg, in dem die Befestigungsanlagen infolge wesentlich verbesserter Angriffswaffen kein entscheidendes Hindernis mehr dargestellt hatten, war die Stadt äußerst teuer zu stehen gekommen. Mehr als 20 000 Soldaten mussten untergebracht und ernährt, einige Tausend Kranke oder Verstorbene versorgt oder begraben werden. Zudem waren erhebliche Kontributionen aufzubringen. Als die französischen Truppen die Stadt vor den unter Herzog Ferdinand von Braunschweig-Wolfenbüttel herannahenden preußischen Truppen unter Vernichtung sämtlicher städtischer Kriegsvorräte und Waffen nach einem halben Jahr, Anfang 1758, verließen, waren Stadt und Bürger finanziell völlig ausgeblutet, feierten aber, wie es heißt, in altgewohnter Weise vor dem Steintor ihr Schützenfest.

Aufgrund der Erfahrungen im Siebenjährigen Krieg begann einige Jahre nach dessen Ende die Niederlegung der in ihrer Unterhaltung höchst kostspieligen Festungswerke. Wälle, Bastionen und Gräben wurden im Lauf des folgenden Jahrhunderts zu breiten Straßen, ansehnlichen Plätzen und einladenden

Grünanlagen umgestaltet. Georg-, Goethe-, Humboldt- und Adolfstraße sowie Friedrichwall lassen noch heute den Verlauf des Stadtwalls erkennen.

Vor den Toren: Die Gartenleute

Das Vorfeld der Stadt hatte sich seit Ende des 17. Jahrhunderts durch eine lockere Besiedlung ein wenig belebt. Die Gartenleute, aufgrund ihrer Bezeichnung ein hannoversches Spezifikum, hatten sich seit dem ausgehenden 17. Jahrhundert außerhalb der Befestigungsanlagen zwischen Stein- und Aegidientor in ihren Gärten wohnlich eingerichtet. 1789/90 zählte das Amt Langenhagen vor dem Steintor 262 Gartenleute. Vor dem Aegidientor waren es 1748 bereits 1080 Bewohner. Nach der Größe der von ihnen bewirtschafteten, als Gärten angesprochenen kleinen Ländereien galten sie als minderberechtigte Bauern, als Köthner, die in ihren Kotten (Hütten) saßen, also Kotsassen waren. Aus diesen Kotsassen wurden im Sprachgebrauch Kosaken oder Gartenkosaken.

Die von den Altstädter Gewerbetreibenden als unliebsame Konkurrenten betrachteten Gartenleute hielten etwas Vieh, bauten jedoch vorwiegend Obst und Gemüse sowie den für das Bierbrauen unentbehrlichen Hopfen an, betrieben die Imkerei zur Versorgung der Städter mit Honig und Wachs, stellten Branntwein her, waren auch als Handwerker tätig und Ende des 18. Jahrhunderts ein nicht mehr zu übersehender Faktor der Stadtwirtschaft.

Regierende Aristokratie, Staatspatriziat und die »hübschen Familien«

Die schon erwähnten hochadeligen Exzellenzen bildeten den ersten Rang der während der Personalunion von einem unveränderlichen Standesgeist geprägten Stadtgesellschaft. Unterhalb dieser regierenden Aristokratie entstand die so genannte Sekretariokratie, auch Staatspatriziat genannt, eine Gruppe hoher Verwaltungsbeamter, die durch ein Studium der Rechtswissenschaften für die höhere Verwaltungstätigkeit ausgebildet waren, und als Hof-, Kanzlei- und Justizräte entscheidenden Anteil am Funktionieren des hannoverschen Regierungsapparates hatten. Wie die regierenden Aristokraten vielfach miteinander verwandt, stellte die Sekretariokratie einen eigenen geschlossenen, für die hannoversche Stadtgesellschaft der zweiten Hälfte des 18. Jahrhunderts charakteristischen Stand dar. Die Familien der dem Staatspatriziat angehörenden Beamten wurden auch »hübsche Familien« genannt, wobei hübsch eine missverstandene Übersetzung des plattdeutschen »höpisch« (höfisch) war. Es waren Familien, die Zutritt bei Hofe hatten, daher höfische Familien genannt wurden.

HINTERGRUND

DIE STADTGESELLSCHAFT

»Die gebildete Gesellschaft zerfiel in drei wesentlich geteilte Ränge, wovon der erste aus dem Adel und dem Militär, der zweite aus der höheren bürgerlichen Staatsdienerschaft, der dritte aus den Kaufleuten, Ärzten, Advokaten und sonstigen gebildeten Leuten bestand. Es waren nur seltene Ausnahmen, wenn einzelne von Adel auch Verkehr mit dem zweiten Range hatten, oder einige wenige durch Wohlhabenheit und Bildung hervorragende Familien des dritten Ranges zu den Gesellschaften des zweiten zugezogen wurden.« *(Hausmann, Erinnerungen, S. 30f.)*

Die vierte Klasse mit Handwerkern, kleinen Kaufleuten und Hökern oder gar die beiden letzten, zu der Tagelöhner, Mägde etc. gehörten, kamen in den Erinnerungen des Gold- und Silbertressenfabrikanten, Kaufmanns, Politikers, Eisenbahnpioniers und Kunstfreundes Bernhard Hausmann natürlich nicht vor, denn dessen Gesellschaft definierte sich durch die von der Aufklärung geprägte Vorstellung von Bildung.

Die Goldenen Tage von Hannover

Nach Auflösung des Musenhofes von Herrenhausen regte sich erst in den 1770er-Jahren wieder ein bemerkenswertes kulturelles Leben. Es wurde in der Residenzstadt ohne Herrscher jetzt von Bürgern, von der Sekretariokratie, einigen Angehörigen des dritten Standes sowie einigen Adeligen getragen. Diese Jahrzehnte eines fruchtbaren gesellschaftlichen und kulturellen Miteinanders im Kreis häuslicher Geselligkeit, in Clubs, Intelligenz-Comptoirs, Lesegesellschaften, den mit Eifer besuchten Theateraufführungen der Gastspieltruppen und im Gedankenaustausch mit illustren Gästen gingen, obgleich bislang noch nicht hinreichend erforscht, als »Goldene Tage« in die Kulturgeschichte der Stadt ein. Gäste reisten an, um die verschiedenen privaten Bilder-, Skulpturen-, Bücher- und sonstigen Sammlungen anzusehen. Bemerkenswert war die Silhouettensammlung des Leibarztes Johann Georg Zimmermann, in der man mehr als hundert Angehörige der hannoverschen Stadtgesellschaft fand.

Man traf die Porträtmaler Georg Ziesenis und seine Tochter Elisabeth, den Maler und Zeichner Johann Heinrich Ramberg und dessen Vater, den Schöpfer des Leibniztempels, Johann Daniel Ramberg, ferner den Dichter, Schriftsteller und Pastor, zuletzt Generalsuperintendent für Calenberg, Johann Adolf Schlegel. Seine Söhne August Wilhelm und Friedrich, beide Literaturwissenschaftler, Friedrich ein bedeutender Vertreter der deutschen Frühromantik, kehrten nach ihrem Studium nicht nach Hannover zurück. Entsprechend verhielt sich Johann Anton Leisewitz, der in Hannover sein Sturm- und Drang-Drama »Julius von Tarent« geschrieben hatte und in den braunschweigischen Staatsdienst entschwunden war.

Ihrer Theaterleidenschaft folgten Karl Philipp Moritz, der die Stadt, in der ihm Not und Erniedrigung zu einer bitteren Schule des Lebens hatten werden lassen, gern verließ, und August Wilhelm Iffland, der Bruder des späteren Bürgermeisters. Moritz, aus ärmlichen Verhältnissen stammend, kam später als Psychologe, Pädagoge, Altertumswissenschaftler, Literatur- und Kunsttheoretiker, vor allem jedoch als Verfasser des für die damalige Zeit außergewöhnlichen autobiografischen, psychologischen Romans »Anton Reiser« zu Ansehen. Der im Leibnizhaus geborene Iffland stieg als Schauspieler 1811 zum Generaldirektor der Königlichen Schauspiele in Berlin auf und war mit seinen rund 65, heute weitgehend vergessenen Schauspie-

Charlotte Kestner, das Vorbild der „Lotte" aus Goethes „Leiden des jungen Werthers". – Ölbild von Christian Ahrbeck nach Hansen, um 1825.

len der erfolgreichste deutsche Bühnenautor seiner Zeit. Nach ihm wurde 1911 der »Iffland-Ring« benannt.

Namhafte Zeitgenossen hielten sich einige Zeit in Hannover auf, darunter der Physiker und Astronom Georg Christoph Lichtenberg, die Mitglieder des Dichterbundes Göttinger Hain: Heinrich Christian Boie, Johann Heinrich Voss und Ludwig Christoph Hölty, der beim Hofarzt Zimmermann – vergeblich – Heilung von seinem Lungenleiden erhoffte. Der aus der Schweiz stammende Johann Georg Zimmermann, 1768 als Hofarzt nach Hannover berufen, als Arzt, Schriftsteller und Vertreter aufklärerischer Ideen gleichermaßen berühmt, von Friedrich dem Großen und der Zarin Katharina konsultiert, schrieb in Hannover sein weit bis in das 19. Jahrhundert viel gelesenes Hauptwerk »Über die Einsamkeit«. Seit 1787 lebte Freiherr Adolph Knigge wieder in Hannover, wo im folgenden Jahr sein berühmtes Werk »Über den Umgang mit Menschen« erschien.

Im lebhaften Gedankenaustausch mit Gleichgesinnten befanden sich der Hofrat, Archivar und Legationssekretär Johann Christian Kestner und seine Frau Charlotte, die als »Werthers Lotte« durch Goethes Jugendroman des Sturm und Drang »Die Leiden des jungen Werther« literarischen Ruhm erlangt hatte. Gegen und nach Ende der napoleonischen Kriege verkehrte man – darunter August Kestner, der Sohn Charlottes, als Hofpoet – am kleinen Musenhof der Gräfinnen von Egloffstein im Forsthaus Misburg.

Gegner und Freunde der Französischen Revolution

So aufgeklärt und interessiert man sich während der Goldenen Tage in Hannover gab, große Begeisterung für die Französische Revolution und ihre umwälzenden Ideen war nicht gerade zu spüren. Die Regierung stellte den aus Frankreich kommenden Ideen eigene Propaganda, Zensur und disziplinierende Maßnahmen entgegen, um staatsgefährdende Umtriebe im Keim zu ersticken. Zudem traten Ernst Brandes und August Wilhelm Rehberg, beide herausragende Vertreter des Staatspatriziats, als Deutschlands erste literarische Gegner der Revolution auf.

Die antirevolutionäre Politik der Regierung bekamen auch einige namhafte hannoversche Revolutionsfreunde zu spüren. Darunter Knigge, der, als Oberhauptmann an den Bremer Dom abgeschoben, sich dort als Anhänger der Jacobiner und der französischen Revolution zu erkennen gab und daraufhin der Aufsicht der hannoverschen Justizkanzlei in Stade unterstellt wurde. Der Hofrichter, Land- und Schatzrat Friedrich Ludwig von Berlepsch, der u. a. kühn gefordert hatte, die »Calenbergische Nation« solle Frieden mit der Republik Frankreich schließen, wurde aus seinen Ämtern entfernt. Theaterdirektor Großmann war der Regierung unangenehm aufgefallen, weil auf seiner Bühne Despektierliches über Obrigkeit und Politik zu hören gewesen war. Er wanderte einige Zeit ins Clevertorgefängnis. Sonst blieb es in Land und Stadt vorerst weitgehend ruhig.

»... Geburtstagsfeier Jérômes ungemein mattherzig«

Letztlich hatte es weder in der Macht der Regierung noch der Stadt gestanden, sich den Folgen der Französischen Revolution zu entziehen, als sich diese unter Napoleon zu einer nationalen Macht- und Eroberungspolitik ausweiteten. Verständlich, dass die Hannoveraner nach einer mehr als 10-jährigen, mal preußischen, dann französischen Besetzung, die das Kurfürstentum als Spielball der Großmächte seit 1801 über sich ergehen lassen musste, 1810 kaum noch zu begeistern waren, den Geburtstag ihres neuen Herrschers zu feiern. Denn in diesem Jahr hatte Napoleon das gesamte Kurfürstentum dem für seinen Bruder Jérôme 1807 geschaffenen Königreich Westphalen zugeschlagen und Hannover zur Hauptstadt des Departements der Aller erklärt. Wie das neue Königreich erhielten auch dessen Städte eine viele revolutionäre Neuerungen mit sich bringende Verfassung. Die Stadt musste teure Besuche des »Bruder Lustik«, wie Jérôme des ihm nachgesagten vergnüglichen Lebenswandels wegen genannt wurde, dazu auch die üppigen Feiern seiner Generäle, finanzieren.

HINTERGRUND

ZWEIDEUTIGE FRAUENZIMMER

»Von diesen Feierlichkeiten der Franzosen suchte man sich zurückzuhalten. Die Gesellschaften des General Berthier auf dem Schlosse wurden besonders gemieden und fast nur von zweideutigen Frauenzimmern besucht. Als eine von diesen bei der Tafel von einem alten zur Aufwartung befohlenen Hoflakai verlangte, ›Donnez moi une cuillère‹, antwortete dieser: ›Ach! Sei kann ok mit de Furschetten freten‹. (le cuillère = der Löffel; le fourchette = die Gabel)« *(Hausmann, S. 44f.)*

Aber auch sonst waren erhebliche Geldforderungen zu erfüllen, was nur noch mit Hilfe von Anleihen möglich war. Manche Bürger waren inzwischen so verarmt, dass sie ihre Abgaben nicht mehr aufbringen konnten. Sie gaben ihre Hausschlüssel auf dem Rathaus ab und verließen die Stadt, deren Einwohnerzahl zwischen 1796 und 1810 um 4000 auf 12 500 gesunken war.

Die Welfen wieder im Lande

Eine Zeit des Neuanfangs

Nach der Franzosenzeit, die vielerlei Bedrückung aber auch einige bedenkenswerte Neuerungen mit sich gebracht hatte, entschloss man sich im Land wie in der Stadt, auch etwas Neues zu wagen. Prinzregent Georg entsandte 1813 ein Mitglied der Dynastie auf Dauer nach Hannover, erhob das Kurfürstentum 1814 zum Königreich und berief im gleichen Jahr eine Allgemeine Ständeversammlung für das Königreich Hannover in das Leineschloss ein. 1824, nach Vereinigung der Altstadt mit der Neustadt, verlieh die Regierung der jetzt 22 702 Einwohner zählenden Gesamtstadt die »Verfassungsurkunde für die Königliche Residenzstadt Hannover«. Dieser vorsichtige Schritt in die konstitutionelle Moderne trennte Justiz und Verwaltung, so dass unter dem Dach des von einem rechtskundigen Stadtdirektor geleiteten Allgemeinen Magistrats der Verwaltende Magistrat und das Stadtgericht selbstständig nebeneinander handeln konnten. An die Stelle der Ehrlichen Gemeinde trat ein Bürgervorsteherkollegium (BVK), dessen Mitglieder von den Bürgern in 16 Distrikten gewählt wurden. Darin »spiegelte sich der Übergang von der ständischen in eine stärker individualisierte bürgerliche Gesellschaft.« (May, S. 464) Doch blieb das BVK dem Magistrat eindeutig nachgeordnet, denn für die hannoversche Regierung sollte die Verfassung ihrer Residenzstadt »von vornherein nicht bürgermobilisierend, sondern staatsstabilisierend wirken«. (May, S. 459)

Als erster Stadtdirektor amtierte nach der neuen Verfassung der Jurist Wilhelm Rumann, der auch Abgeordneter der Residenzstadt in der II. Kammer der Ständeversammlung war, voller Tatendrang, Konflikte, mit wem auch immer, nicht scheuend. Die Schützen erhielten in der Ohe einen neuen Schützenplatz und ein von Laves entworfenes Schützenhaus, das 1827 eingeweiht wurde.

HANNOVERSCHES SCHÜTZENWESEN
Das Schützenwesen hatte eine wahrscheinlich bis in das Ende des 14. Jahrhunderts zurückreichende Tradition, auch wenn ein Papageienschießen, das offenbar auf dem Gelände der 1371 abgebrochenen Burg Lauenrode stattgefunden haben soll, erst 1468 urkundlich erwähnt wurde. 1529, unerachtet der sich im Vorfeld der Reformation bereits langsam aufbauenden Unruhen, verlieh Herzog Erich I. der Stadt das Privileg, jährlich einen Schützenhof abzuhalten. 1573/74 wurde auf dem Gelände des späteren Klagesmarktes das erste Schützenhaus erbaut, im Jahr darauf erließ der Rat die erste Schützenordnung.

Auf der Glocksee begann 1826 die Gasanstalt mit der Lieferung. Am Ihmeufer in Linden wurde 1833 Hannovers neues Krankenhaus, an der Umfuhr, später Artilleriestraße, 1839 der neue Packhof eingeweiht. Unter Leitung Adolf Tellkampfs nahm eine höhere Bürgerschule, die erste der späteren Oberrealschulen, den Unterricht auf. 1829 berief der Magistrat mit Heinrich August Andreae den ersten Stadtbaumeister. Die Regierung eröffnete 1831 auf Empfehlung der Gewerbekommission nach dem Vorbild der Pariser École Polytechnique die Höhere Gewerbeschule, Vorläuferin der Leibniz-Universität. Als erster Direktor wirkte der aus Wien berufene Karl Karmarsch, einer der Begründer der wissenschaftlichen Technologie. Damit hatte Hannover neben der 1778 als vierte in Deutschland primär zum Nutzen von Militär und Landwirtschaft ins Leben gerufenen Roßarzneyschule eine zweite höhere Ausbildungsstätte erhalten.

Adolph Friedrich, Ernst August und der Verfassungskonflikt

Hannover wuchs wieder in seine Rolle als Residenzstadt hinein. Seit 1813 amtierte Adolph Friedrich, Herzog von Cambridge, der jüngste Sohn Georgs III., als Gouverneur, ab 1831 als Vizekönig. Leutselig und nicht ohne liberale und bürgerliche Züge, selbst Violine spielend, bei kulturellen Veranstaltungen wie auf dem jährlichen Schützenfest zugegen, besangen die Hannoveraner ihren auch den Umtrunk schätzenden,

König Ernst August in Gardeuniform. – Ölgemälde, um 1845.

sehr beliebten Vize-Landesherrn liebevoll in dem damals noch in weiten Kreisen der Stadtbevölkerung gesprochenen Plattdeutsch: »Pittje, pittje, pittje / dei Hertog van Camdridje / hei kümmt, hei kümmt, hei kümmt / ob hei woll einen nümmt?«

Die Stadt und die beiden letzten welfischen Könige

König Ernst August, der mit seiner Thronbesteigung 1837 seinen Bruder Wilhelm IV. ablöste, mit dessen Tod die Personalunion aufgrund unterschiedlicher Thronfolgeordnungen ihr Ende gefunden hatte, war aus anderem Holz geschnitzt. Das bekam auch der Magistrat zu spüren, der, gestützt auf das BVK und weite Kreise der Bevölkerung, 1838/39 gegen die von Ernst August sofort nach seinem Regierungsantritt verfügte verfassungswidrige Aufhebung des Staatsgrundgesetzes von 1833 beim Deutschen Bund protestiert und seine vorwiegend von Rumann verfasste Beschwerde in der Stadt unter der Hand hatte umlaufen lassen. Der Magistrat wurde angeklagt, der Stadtdirektor als Anführer – wie die Göttinger Sieben zwei Jahre zuvor – aus dem Amt entfernt. Als sich die Regierung bei der Einführung des Nachfolgers in einem von der städtischen Verfassungsurkunde nicht gedeckten Verfahren verfing, erlebte die Stadt im Juli 1839 bisher nie dagewesene Tumulte. Da das neue Verfassungsgesetz 1840 dann doch nicht so reaktionär ausfiel, wie viele befürchtet hatten und sich der König in den folgenden Jahren Hannover auf vielen Gebieten wieder fördernd zuwandte, kamen sich die Stadt, an deren Spitze seit 1843 der auf Ausgleich bedachte Stadtdirektor Wilhelm Evers stand, und der Monarch im Lauf der Jahre wieder näher.

BIOGRAFIE

JOHANN HERMANN DETMOLD

Einer der schärfsten Gegner des Königs im Verfassungskonflikt war der Jurist, Politiker und Schriftsteller Johann Hermann Detmold, während des Vormärz einer der bemerkenswertesten Hannoveraner im kulturellen und politischen Leben der Stadt. Er stand sowohl Johann Carl Bertram Stüve, dem Anführer der Grundgesetzanhänger, als auch dem Magistrat publizistisch anfeuernd zur Seite. Wie der Magistrat wurde er 1841 verurteilt, aber nicht wie dieser begnadigt. 1848 von Bersenbrück in die Frankfurter Nationalversammlung gewählt, im Jahr darauf vom Paulskirchenparlament in mehrere Ministerämter berufen, wurde er nach der Aussöhnung mit König Ernst August 1849 zum Legationsrat und zum hannoverschen Gesandten beim Bundestag in Frankfurt ernannt. – Der im kulturellen Leben der Stadt vielfältig engagierte Detmold hatte 1832 zu den Mitgründern des Kunstvereins gehört, glossierte allerdings zwei Jahre darauf den in Hannover plötzlich erwachten Kunstsinn in seiner kleinen Schrift »Anleitung zur Kunstkennerschaft oder die Kunst, in drei Stunden ein Kenner zu werden«.

Das Jahr 1848: Revolution auf hannoversch

Inmitten dieser Entwicklung sah sich auch König Ernst August revolutionären Forderungen gegenüber, die von der Pariser Februar-Revolution ausgelöst worden waren, und sich nur wenige Tage später vom Bahnhof aus in der Stadt verbreiteten. Diesen Nachrichtenweg schien der König vorausgeahnt zu haben. Bereits 1835 hatte er den zur Besprechung von Eisenbahnfragen in Hannover weilenden hamburgischen Senatssyndikus Dr. Karl Sieveking wissen lassen, dass er dem Bau von Eisenbahnen unter anderem auch deswegen äußerst reserviert gegenüberstehe, weil das neue schnelle Verkehrsmittel auch die Revolution schneller ins Land bringe. Die Vorgänge Ende Februar 1848 bestätigten den König.

Obgleich der König Anfang März noch meinte, die Forderungen von Magistrat und Bürgervorsteherkollegium: Pressefreiheit, Einberufung der Ständeversammlung, Aufstellung einer Bürgerwehr – in der dann auch der Maschinenbaustudent Wilhelm Busch mitmarschierte – und Schaffung einer Volksvertretung beim Deutschen Bund zunächst abwartend zur Kenntnis nehmen zu können, musste er nach dem 18. März, als sich auch weite Kreise der städtischen Mittel- und Oberschicht den Forderungen angeschlossen hatten, deren wichtigste akzeptieren. Doch es gelang ihm, zusammen mit dem als Innenminister berufenen Führer der grundgesetzlichen Opposition, Johann Carl Bertram Stüve, einem Verfechter einer maßvollen Weiterentwicklung des Bestehenden, die auch in Hannover zu Protesten, Aufläufen, Tumulten und Verhaftungen führende revolutionäre Bewegung letztlich in ruhigere Bahnen zu lenken. Nachdem die Ständeversammlung am 5. September 1848 »Verschiedene Änderungen des Landesverfassungsgesetzes« betreffend verabschiedet hatte, waren wesentliche Märzforderungen erfüllt.

Am 21. Januar 1849, als die von der Frankfurter Nationalversammlung beschlossenen, von Ernst August und Stüve jedoch strikt abgelehnten Grundrechte in Kraft treten sollten, versammelten sich fast 3000 Personen, darunter auch erstmalig Arbeitervertreter, zu einer Anerkennungsfeier für diese

Grundrechte und zu einem Verbrüderungszug durch die Stadt. Am 30. März wurden die 32 Mitglieder der Paulskirchen-Delegation der Nationalversammlung, darunter der greise Ernst Moritz Arndt, die dem König von Preußen die Kaiserkrone antragen sollte, was in der hannoverschen Politik ebenfalls keinen Beifall fand, von den Einwohnern der Residenzstadt begeistert empfangen.

In Hannover war die Märzrevolution, dem nicht gerade zu Radikalität neigenden Charakter der Hannoveraner entsprechend, verhältnismäßig ruhig verlaufen.

Georg V.: Hannovers blinder König

König Ernst August starb 1851, von den meisten Hannoveranern jetzt aufrichtig betrauert. Auf dem Thron folgte ihm sein Sohn Georg V., der seit seinem 14. Lebensjahr völlig erblindet war. Aufgrund seiner ans Mystische grenzenden Vorstellung von seinem Gottesgnadentum war er von der Realität des konstitutionellen Staates oft weit entfernt. Er öffnete sich der politischen Reaktion und ließ vieles aus dem Verfassungsgesetz von 1848 und aus der Städteordnung von 1851 zurücknehmen. Selbst sehr fromm, beschwor er in der im Grunde nebensächlichen Angelegenheit der Einführung eines neuen Katechismus 1862 landesweite, in der Residenzstadt besonders heftige Tumulte herauf, die auch Ausdruck einer allgemeinen Unzufriedenheit mit des Königs reaktionärer Politik waren.

In wirtschaftlichen Fragen, hauptsächlich im Hinblick auf die Gründung von Industriebetrieben, verhielt Georg V. sich zögerlich bis ablehnend, in der Außenpolitik meist schwankend. Die eigentliche Liebe des sehr musikalischen, selbst komponierenden und zu Konzerten im Familienkreis ins Schloss ladenden Königs galt allen Bereichen des kulturellen Lebens und der Selbstdarstellung seiner Dynastie in ihren Bauten. Dazu gehörten das von seinem Vater begonnene Hoftheater, das Welfenschloss, die Christuskirche und die Marienburg. Zur geschichtlichen Selbstvergewisserung der Dynastie sollten das 1852 gegründete Familienmuseum und das 1862 folgende

Das Welfenschloss, seit 1879 Technische Hochschule. – Lithografie, um 1880.

Welfenmuseum dienen. Highlights des Letzteren waren das Evangeliar Heinrichs des Löwen und der Welfenschatz. Beide Museen verfielen im Zuge des Verkaufs welfischer Kunstschätze in der ersten Hälfte des 20. Jahrhunderts der Auflösung. Der besonderen Zuwendung des Königs konnte sich das hannoversche Musikleben erfreuen, das drei Jahrzehnte hindurch weitgehend von dem Komponisten und Kapellmeister Heinrich Marschner, einem Romantiker, später auch von dem Violinvirtuosen Joseph Joachim bestimmt wurde.

Der Aufbruch des hannoverschen Bürgertums

Trotz mancher royalistischer Bevormundung wurde im Vormärz und auch unter Georg V. fortgesetzt, was im ausgehenden 18. Jahrhundert begonnen hatte, als sich Bürger außerhalb der Korporationen der alten Stadtgesellschaft in neuen Organisationsformen mit selbst gewählten Zwecken zusammenfanden. Seit dem ersten Drittel des 19. Jahrhunderts entstanden Vereine der unterschiedlichsten Art. Man ging historischen, wissenschaftlichen, literarischen und musikalischen Interessen nach, traf sich zum Singen, begann 1831 miteinander zu turnen und begründete damit den organisierten Sport in Hannover. Man pflegte das traditionelle Schützenwesen, verfolgte berufsständische Interessen. Protestanten, Katholiken und Israeliten gründeten zahlreiche, vornehmlich sozialen Aufgaben gewidmete Vereine; bei den Lutheranern verdankten nicht wenige ihr Entstehen den Initiativen des umtriebigen Marktkirchenpastors Hermann Wilhelm Bödeker.

BIOGRAFIE

HERMANN WILHELM BÖDEKER

Bödekers Vereinsbegeisterung entsprang 1839 auch der Norddeutsche Morgenpromenadenbeförderungsverein, der allmorgendlich Angehörige unterschiedlicher gesellschaftlicher Schichten zum Lister Turm hinauslockte, wo man sich um halb acht zum gemeinsamen Kaffeetrinken und zur Unterhaltung über aktuelle Fragen zusammensetzte und täglich von Bödeker die Sammelbüchse vorgehalten bekam, meist für eine der von ihm gegründeten sozialen oder kirchlichen Einrichtungen, aber gelegentlich auch zugunsten profaner Zwecke.

Der 1845/48 aus dem Künstlerverein, dem bis zum I. Weltkrieg führenden Kulturverein der Stadt, hervorgegangene Verein für die öffentlichen Kunstsammlungen gründete gemeinsam mit dem Naturhistorischen, Historischen, Kunst- und Künstlerverein, unterstützt vom Architekten- und Ingenieurverein, 1852 ein Vereinsmuseum, das vier Jahre darauf seine Pforten in dem von Conrad Wilhelm Hase stammenden Bau in der Sophienstraße öffnen konnte. Aus diesem bürgerlichen Vereinsmuseum ging das Niedersächsische Landesmuseum hervor. Der Hase-Bau in der Sophienstraße dient seit Anfang des 20. Jahrhunderts als Künstlerhaus unterschiedlichen Kulturvereinen.

Als eine auf Aktien betriebene Einrichtung zur Befriedigung naturwissenschaftlicher und kultureller Bedürfnisse wurde 1865 der Zoologische Garten eröffnet, der sich nach mehrfachem Trägerwechsel heute in der Hand der Region Hannover befindet.

Die Revidierte Städteordnung von 1858

Die Aktivitäten, die unterschiedliche Kreise der Einwohnerschaft in Vereinen zusammenführten, blieben diesen im politischen Raum weitgehend versagt, es sei denn, sie waren Bürger. Wie schon die staatsstabilisierend angelegte Stadtverfassung von 1821/24 war auch die Revidierte Städteordnung von 1858 gekennzeichnet durch die dominierende Stellung des Magistrates, der nicht nur »Verwalter der Gemeindeangelegenheiten, sondern zugleich Organ der Staatsgewalt sowie in allen städtischen Angelegenheiten die einzige ausführende und verwaltende Behörde war.«

Angesichts der vielen neuen Aufgaben, die in der wachsenden Großstadt zu bewältigen waren, wurden Magistrat und BVK mehrfach vergrößert. Trotz der unausgewogenen Einflussverteilung an der Stadtspitze erwies sich diese den mit Industrialisierung und schnellem Wachstum der Stadt auf sie zukommenden Aufgaben, sieht man von den unzureichenden Lösungen für Wohnungsnot und soziale Probleme ab, durchaus gewachsen. Und dies, obgleich nach 1866 und bis Mitte der 1880er-Jahre die Gegensätze zwischen dem nationalliberalen Magistrat und dem welfisch geprägten Bürgervorsteherkollegium teils unüberwindlich schienen und zum Stillstand auf manchen Gebieten der Stadtpolitik führten. Der Magistrat wandelte sich im Lauf von Jahrzehnten unter den Stadtdirektoren Hermann Rasch (1854–1882), Ferdinand Haltenhoff (1882–1891) und besonders Heinrich Tramm (1891–1918) von der älteren »ordnenden Honoratiorenverwaltung« zur modernen »leistenden Beamtenverwaltung«.

Städtebauliche Veränderungen: Laves und Hase

Parallel zu diesem politischen Wandel in der Verwaltung und der fortschreitenden Industrialisierung, machte sich die langsame Entwicklung der Residenzstadt zur Industriestadt nach und nach auch in einer Veränderung des Stadtbildes bemerkbar. Zunächst sollte dieses den Charakter Hannovers als Resi-

Hannover aus der Vogelschau. Im Vordergrund der Waterlooplatz. – Stahlstich von Adolf Eltzner, um 1850.

denzstadt widerspiegeln. Doch städtebaulich wurde durch die Einbindung des Bahnhofs mit allen dazugehörenden Anlagen und den sich für die Wirtschaft daraus ergebenden Möglichkeiten zugleich der Weg in die Industriestadt vorgezeichnet. Die großzügigen Planungen des 1814 als Hofarchitekten berufenen Klassizisten Georg Ludwig Laves – der Waterlooplatz mit seiner Säule, die Ernst-August-Stadt und das Residenzschloss an der Leine sowie seine zahlreichen Bauten für Hof, Adel und Bürger – setzten der vorwiegend vom Fachwerkbau des Spätmittelalters geprägten Stadt die der Hauptstadt eines konstitutionellen Mittelstaates des Deutschen Bundes entsprechenden modernen Akzente.

Die Ernst-August-Stadt, zugleich die erste Eingemeindung, gruppierte Laves nicht traditionell um eine Kirche als Mittelpunkt, sondern sozusagen um zwei Brennpunkte: einen kulturellen mit dem Hoftheater und einen verkehrstechnisch-wirtschaftlichen in Gestalt des Bahnhofs. Als dessen Anbindung an die Stadt gelang Laves eine geniale strahlenförmige Straßenführung. Im Übrigen war die Ernst-August-Stadt insgesamt repräsentativen Geschäften, Büros und Wohnhäusern gehobenen Bedarfs vorbehalten. Die einzige Großbaustelle in der Altstadt war zweieinhalb Jahrzehnte hindurch der von Laves durchgeführte, einem Neubau gleichkommende, leider unvollendete Umbau des Leineschlosses.

In den letzten Jahrzehnten von Laves' Tätigkeit, die nun nicht mehr so gefragt war, wurden mit dem Rundbogenstil und der Neugotik neue Stilrichtungen sowohl für höfische und öffentliche als auch für private Bauten bevorzugt. Die Neugotik, Ausdruck der Rückbesinnung auf die Backsteingotik des Mittelalters, wurde in Hannover von Conrad Wilhelm Hase durchgesetzt. Die von ihm begründete Hannoversche Architekturschule bestimmte für mehr als fünf Jahrzehnte das Bauen in Hannover, besonders den Kirchenbau, den Hase 1859/64 programmatisch mit der Christuskirche, der größten neugotischen Backsteinkirche Norddeutschlands, begann und der 1878/80 die Zionskirche (seit 1943 Erlöserkirche) und 1880/83 die Apostelkirche folgten. Daneben hinterließen Hase und seine Schüler bis in den Anfang des 20. Jahrhunderts nicht nur in Hannover zahlreiche, jetzt auch neuen, höchst unterschiedlichen Zwecken dienende Bauten wie Bahnhöfe, Fabrikanlagen, Arbeiterkolonien und Mietshäuser. Hase, seit 1849 Lehrer für Baukunst an der Polytechnischen Schule, ab 1878 Professor an dem in Technische Hochschule umbenannten Institut, gehörte zu den Rettern des vom Abbruch bedrohten Alten Rathauses, das er restaurierte und 1890/91 zu einer Vierflügelanlage komplettierte.

Hase erhielt zahlreiche Ehrungen. 2007 wurde der Kirchenvorplatz der Christuskirche in Conrad-Wilhelm-Hase-Platz umbenannt.

Georg V. 1866: »Als Christ, Monarch und Welfe, ich kann nicht anders.«

Welfenschloss und Marienburg waren noch unvollendet, als die Bauarbeiten infolge der Ereignisse des Jahres 1866 weitgehend zum Erliegen kamen. Das Königreich und seine

Dynastie waren Opfer des Deutschen Krieges geworden. König Georg V., der, gestützt auf das Bundesrecht, gehofft hatte, sein Königreich aus dem drohenden militärischen Konflikt heraushalten zu können, sah sich am 15. Juni einem preußischen Ultimatum gegenüber: entweder Bündnis mit Preußen oder Kriegserklärung. Georg V. lehnte ab, Preußen erklärte den Krieg. So blieb denn auch der Versuch der Städtischen Kollegien, die am 16. Juni zu nächtlicher Stunde nach Herrenhausen hinausgefahren waren, um den König noch umzustimmen, erfolglos. Um 1.30 Uhr vom König empfangen, wurden sie mit den berühmt gewordenen Worten »Als Christ, Monarch und Welfe, ich kann nicht anders« in Gnaden entlassen.

Zwar war die in keiner Weise auf einen Krieg vorbereitete hannoversche Armee am 27. Juni bei Langensalza – zum letzten Mal in ihrer langen Geschichte – noch einmal siegreich, musste aber zwei Tage darauf kapitulieren, da es an Nachschub jedweden Kriegsmaterials fehlte. In der Stadt Hannover, die bereits am 17. Juni von preußischen Truppen besetzt worden war, kam es zwar zu Unruhen, aber die Annexion nahm ihren Lauf. Preußen erreichte im Frieden von Prag am 23. August 1866 unter anderem die Einverleibung des Königreichs Hannover. Am 20. September 1866 beendete ein Gesetz des preußischen Landtags die Selbstständigkeit des Welfenstaates. Am 3. Oktober wurde das Annexionspatent im Leineschloss bekannt gemacht. Die Einwohnerschaft der Residenzstadt, die nun in den Rang einer Provinzstadt zurückgestuft wurde, war der neuen Situation gegenüber gespalten. Die Einen scheinen das Aufgehen ihres Königreichs im größeren Preußen nicht ungern gesehen zu haben, darunter einflussreiche Kreise der Wirtschaft. Die Anderen hielten das preußische Vorgehen für einen eklatanten Rechtsbruch und blieben den ins österreichische Exil ausweichenden Welfen in Treue verbunden.

Die Industriestadt

Allgemeine Voraussetzungen für die Industrialisierung

Zu den Entwicklungen, die noch im Königreich eingesetzt hatten, gehörte vor allem die Industrialisierung, die mehr als die politischen Veränderungen des Jahres 1866 einen grundlegenden Wandel der Stadt und ihrer Wirtschaft bewirkte. Zu den Voraussetzungen für den Aufstieg Hannovers zur größten Industriestadt im niedersächsischen Raum gehörten die 1843 erfolgte Inbetriebnahme der Eisenbahn, die Rohstoffgewinnung und Verarbeitungsstätten einander näherbrachte, 1851/54 der Beitritt des Königreichs zum Zollverein, der dem Handel einen größeren Wirtschaftsraum eröffnete, sowie die vom Norddeutschen Reichstag 1867 und 1869 erlassenen Gesetze über die Freizügigkeit und die Gewerbefreiheit. Daneben waren es lokale und regionale, den Industrialisierungsprozess fördernde Maßnahmen: 1831 Gründung der Höheren Gewerbeschule (Leibniz-Universität), 1834 des Gewerbevereins mit seinen zwischen 1835 und 1878 in unregelmäßigen Zeitabständen stattfindenden Gewerbeausstellungen, 1857 die Eröffnung der Hannoverschen Bank und im April 1866 die Einrichtung von Handelskammern. Entscheidende Bedeutung kam jedoch den das Stadtgebiet gewaltig vergrößernden Eingemeindungen zu, deren erste große 1859 erfolgte.

1843: Bau der Eisenbahn

Der Bau der Eisenbahn erhielt seine eigentliche Bedeutung durch die verkehrsgünstige Lage der Stadt. Diese hatte bereits die Entstehung der ersten Siedlung *hanovere* begünstigt und erwies sich im 19. Jahrhundert ebenso entscheidend für die Entwicklung der Residenzstadt zur Industriestadt und zum bedeutendsten norddeutschen Verkehrskreuz. Denn hier kreuzte sich

Bau der Eisenbahnüberführung der Königstraße. – Fotografie, um 1876/79.

die ihrer Steigungsanfälligkeit wegen am Nordrande der Mittelgebirge entlang geführte Eisenbahnstrecke Berlin – Köln mit der durch das Leinetal auf Hannover zulaufenden Verbindung Frankfurt/München – Hamburg/Bremen. Das Jahr 1843, in dem die erste Eisenbahn von Hannover nach Lehrte fuhr, ist das entscheidende Jahr in Hannovers neuerer Stadtgeschichte

Gebaut wurde die Eisenbahn auf Vorschlag des Politikers und Eisenbahnpioniers Bernhard Hausmann, dem sich dann auch die Ständeversammlung anschloss, als Staatsbahn. Von städtebaulichem Vorteil war es, dass der Centralbahnhof nach dem Vorbild des Bahnhofs der englischen Stadt Derby als Durchgangsbahnhof gebaut wurde. Auch dass man bei der Trassenführung auf eine möglichst weitgehende Schonung der Eilenriede sowie des unmittelbaren, heute eng bebauten Umfeldes der damaligen Stadt bedacht gewesen war und entsprechend die acht von Hannover ausgehenden oder auf die Stadt zulaufenden Strecken bereits in Wunstorf, Lehrte, Nordstemmen und Weetzen zusammengeführt hatte, erwies sich durchaus als vorausschauend. Bis 1866 waren insgesamt 906

Streckenkilometer – nahezu sämtliche Hauptstrecken – fertiggestellt und fast alle Gegenden des Königreichs von dessen Hauptstadt aus mit der Eisenbahn zu erreichen. Damit war die Stadt Hannover eindeutig zum wichtigsten norddeutschen Eisenbahnknotenpunkt geworden.

Bereits drei Jahrzehnte nach Anlegung der Eisenbahn – Hannover war 1873 mit 100 000 Einwohnern statistisch Großstadt geworden – wurden die innerstädtischen Bahnanlagen, die inzwischen für Straßenverkehr und Städtebau zum Hindernis geworden waren, völlig umgestaltet. Man verlegte die ebenerdigen Bahngleise in der zweiten Hälfte der 1870er-Jahre im Nahbereich der Innenstadt, knapp vier Jahrzehnte später im gesamten Stadtgebiet, auf Dämme – in den USA als Hanover-System bewundert – und sämtliche Betriebsanlagen an den

STADTTEILBAHNHÖFE

Die umgestalteten Bahnanlagen mussten infolge des schnellen Wachstums der Großstadt und der Zunahme des Schienenverkehrs bereits nach drei Jahrzehnten erweitert und ergänzt werden. Der Hauptbahnhof erhielt 1909/11 eine dritte Bahnsteighalle mit den Gleisen 10 und 11 und wurde durch die 1909 im Süden der Stadt entlang geführte Güterumgehungsbahn Lehrte – Linden – Seelze vom Güterdurchgangsverkehr entlastet. Inzwischen hatte die Eisenbahn im Zuge einer notwendiger werdenden Benutzerfreundlichkeit, mit der sie der Konkurrenz der Straßenbahn entgegentrat, auch Bahnhöfe in den Stadtteilen eingerichtet. Nachdem der Vorort und heutige Stadtteil Misburg bereits seit 1843 über einen Bahnhof verfügte, wurde der Bahnhof Linden-Fischerhof 1872 zusammen mit der Hameln-Altenbekener Eisenbahn eröffnet. 1887 folgte in unmittelbarer Nähe des Eisenbahnausbesserungswerkes die Haltestelle Leinhausen, die 1913 mit Empfangsgebäude aufgewertet wurde. 1911 hielten die ersten Züge im Bahnhof Bismarckstraße, 1912 in Kleefeld, 1914 in Hainholz (nach Verlegung seit 2000 Bahnhof Nordstadt) und Herrenhausen (2000 geschlossen). Nach Anschluss des Messegeländes 1961 folgten weitere Stadtteilbahnhöfe mit Ausbau der S-Bahn erst zur EXPO 2000.

damaligen Stadtrand (wo die meisten heute auch nicht mehr bestehen). Der aus Berlin berufene Architekt Hubert Stier baute 1875/80 das noch heute existierende repräsentative Empfangsgebäude, ein Spätwerk des Berliner Rundbogenstils, das Stier in Details der hannoverschen Architekturschule annäherte. Dieses Empfangsgebäude ist nicht nur Stiers bedeutendster hannoverscher Bau, es wurde beispielgebend für andere Großstadtbahnhöfe.

Von der »Elektrischen« zur ÜSTRA

Jahrzehnte vor dem Bau der meisten der oben genannten Stadtteilbahnhöfe zockelte in der sich ausdehnenden Stadt, in der man seine Ziele zu Fuß nur noch mit zunehmendem Zeitaufwand erreichen konnte, bereits seit 1872 die Pferdebahn zwischen Königsworther Platz und Döhrener Turm und bald auch auf weiteren Strecken. Ab 1893 wurde nach und nach der elektrische Betrieb aufgenommen. Das kurz nach der Jahrhundertwende von 21 Linien befahrene Schienennetz verdichtete sich nicht nur innerhalb der Stadt. Es griff ab 1897, hauptsächlich den Ausfallstraßen folgend, bis zu 30 km in das Umland hinaus, – mit der Linie 11 bis Hildesheim –, so dass 1906/07 die Betriebslänge sämtlicher Linien mit 165 km angegeben wurde. Damit verfügte die Straßenbahn Hannover, die »Elektrische«, wie sie bis in die 1950er-Jahre genannt wurde, über eines der längsten Streckennetze im Deutschen Reich.

Dem Personenverkehr war 1897 die Aufnahme des Güterverkehrs gefolgt, der sich besonders für das vorwiegend landwirtschaftlich geprägte Umland, aber auch für die dort befindlichen Industrien der Kohle, Steine und Erden als wichtiger Betriebsfaktor erwies. Der Güterstraßenbahnverkehr und die Überlandstrecken der »Elektrischen« fielen in den 1950er-Jahren der schnell zunehmenden Motorisierung zum Opfer.

Neben ihren Transportkapazitäten begann die Straßenbahn Hannover AG Strom aus den eigenen Kraftstationen an die von ihrem Schienenverkehr berührten Gemeinden zu verkaufen. Entsprechend erfolgte 1921 deren Umbenennung in

Überlandwerke und Straßenbahn Hannover AG oder kurz ÜSTRA – bis heute in Hannover Synonym für Öffentlichen Personennahverkehr.

In kurzer Zeit hatte die Straßenbahn im Zuge der Stadtentwicklung zu Anfang des vergangenen Jahrhunderts eine wesentliche Mittlerfunktion zwischen Umland, Stadtteilen, Industriegebieten, Bahnhöfen und City übernommen und sich noch stärker als die Eisenbahn als entscheidend integrierender Faktor erwiesen.

Bankwesen

Wie der Bau der Eisenbahn kam auch der notwendige Ausbau des lokalen Bankwesens nur schwerfällig in Gang. Seit dem 18. Jahrhundert befriedigten zunächst kleine, später teils zu respektablen Instituten entwickelte Privatbanken, die größtenteils von jüdischen Unternehmern in der Regel zunächst neben ihrem sonstigen Gewerbe betrieben wurden, den anfallenden, meist geringen Kreditbedarf. Nicht zuletzt auf Drängen liberaler Unternehmer verfügte Georg V. die Gründung eines Geldinstituts als Handels-, Investment- und Notenbank, das 1857 seine Schalter öffnete. 1900 bezog die Bank ihren Neubau am Georgsplatz, der, obgleich 1920 mit der Hannoverschen Bank endgültig von der Deutschen Bank übernommen, noch heute Schriftzug und Wappen des alten hannoverschen Instituts trägt.

Nach ähnlichem Muster wie die Deutsche Bank etablierten auch andere Großbanken wie Dresdner- und Commerzbank um die Jahrhundertwende ihre Filialen in Hannover. Sie übernahmen Privatbanken. Geblieben ist bis heute, unerachtet allen Wandels im hannoverschen Bankwesen dessen Konzentration im südlichen Teil der Ernst-August-Stadt zwischen Joachim-, Prinzen-, Georg- und Luisenstraße. Hier entstand – beginnend 1896 mit der Übersiedlung der Reichsbank in ihren Neubau am Georgsplatz – Hannovers Bankenviertel, in dem sich dann auch eine Anzahl Versicherungsgesellschaften und 1924 die Börse niederließen.

Die Eingemeindungen

Die als Voraussetzungen für die Industrialisierung – neben Verkehrsanlagen und Kreditinstituten – erforderlichen Flächen wurden sowohl in Hannover als auch in Linden sehr schnell knapp. Neuer Grund und Boden konnte nur über Eingemeindungen in die Verfügung der Städte gelangen, die verständlicherweise nicht nur die notwendigen Verkehrsbauten und

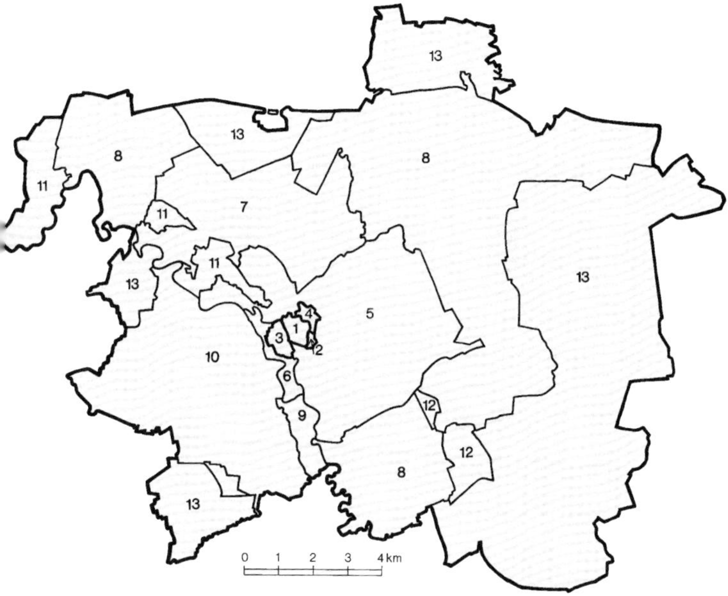

Gebietsentwicklung der Stadt Hannover: 1. Altstadt; 2. Anlegung der Aegidien-Neustadt (1747); 3. Vereinigung von Altstadt und Calenberger Neustadt (1824); 4. Anlegung der Ernst-August-Stadt (1847). Eingemeindungen: 5. Vorstadt Hannover (1859); 6. Glocksee (1869); 7. Herrenhausen, Hainholz, Vahrenwald, List (1891); 8. Stöcken, Mecklenheide, Bothfeld, Klein-Buchholz, Groß-Buchholz, Kirchrode, Döhren, Wülfel (1907); 9. Wassergewinnungsgelände Ricklingen (1913); 10. Stadtkreis Linden mit Badenstedt, Bornum, Davenstedt, Limmer, Ricklingen (1920); 11. Schloss- und Garten- sowie Gutsbezirke Herrenhausen, Leinhausen, Marienwerder (1928); 12. je Teil von Laatzen und Bemerode (1937); 13. Vinnhorst, je Teil von Langenhagen, Isernhagen, Rethen und Laatzen, Misburg, Anderten, Bemerode, Wülferode, Wettbergen, Ahlem (1974).

Infrastrukturmaßnahmen finanzieren, sondern auch die dortigen Steueraufkommen in ihre Stadtkassen lenken wollten. Dass die Ausdehnung beider Städte in das Umland mit dessen Verkehrserschließung durch Straßenbahn und Eisenbahn Hand in Hand ging, ja, dass beide sich gegenseitig bedingten, wurde im Verlauf dieses Prozesses, in dem die eingemeindeten Ortschaften ihren ländlichen Charakter durch Industrieansiedlungen nach und nach einbüßten, schnell deutlich.

Die Industrialisierung

Anfangsschwierigkeiten

Die Industrialisierung setzte im Königreich wie in der Stadt den zögerlichen Anfängen des Eisenbahn- und Bankwesens entsprechend, relativ spät ein. Denn solange die Personalunion bestand, sah die Regierung Importe englischer Industrieerzeugnisse als ausreichend für den Bedarf im Lande an. Zudem hielt sie lange an einer Landwirtschaft und Handwerk bevorzugenden Wirtschaftspolitik sowie an einer restriktiven Bevölkerungspolitik in Gestalt von Heirats- und Mobilitätsbeschränkungen fest. Da auch der Hof dem Aufbau von Industriebetrieben zunächst eher abweisend gegenüber stand, weil er Schmutz, Lärm und die Entstehung eines Proletariats befürchtete, begann die Industrialisierung im heutigen Stadtgebiet nicht in der Residenzstadt, sondern »im schönsten Dorf des Königreichs«, in Linden.

Von den Egestorffs zur HANOMAG

Hier hatte Johann Egestorff, des Schreibens und Lesens nur mäßig mächtig, als Böttchergeselle 1803 einen Kalkofen am Lindener Berg gepachtet. Dieser Johann Egestorff, der 1822 zum Hofkalklieferanten ernannt wurde, für die Bevölkerung aber der »Kalkjohann« blieb, legte den Grundstein für die Industrialisierung in Hannover, auch wenn seine bodengebundenen Unternehmen noch weitgehend als »landwirtschaftliche Nebengewerbe« (Treue, S. 22) charakterisiert werden können.

Als Johann Egestorff 1834 starb, hinterließ er: 3 Ziegeleien, 3 Kalksteinbrüche, 24 Kalköfen, 2 Steinkohlenbergwerke im

Johann Egestorff, genannt „Kalkjohann". – Ölgemälde von Burkhard Giesewell, um 1830.

Deister, 1 Zuckersiederei sowie die dazu notwendigen Handelsbetriebe, eine Kohlenhandlung, eine Mühle und ein Gasthaus auf dem Lindener Berg. Von den damals 2500 Einwohnern Lindens arbeiteten 400 bei Egestorff.

Sein 1802 geborener Sohn Georg hatte bereits 1832 die Saline Egestorffhall in Badenstedt erschlossen. 1835 nahm er seine Eisengießerei und Maschinenfabrik in Betrieb, lieferte im folgenden Jahr die erste Dampfmaschine aus und 1846 die erste Lokomotive, Ernst August genannt. Mit dem Einsatz seiner Maschinen in seinen verschiedenen Betrieben wurde Egestorff zum Vorreiter der hiesigen Industrieentwicklung. Neben dem väterlichen Erbe, seiner Saline und seiner Maschinenfabrik gründete Georg Egestorff weitere, aus den bestehenden hervorgehende Betriebe: 1839 eine Chemische Fabrik, 1856 eine Ultramarinfabrik und 1861 eine Zündhütchenfabrik, die nach verschiedenen Eigentümerwechseln heute nicht mehr bestehen.

Nach dem Tod Georg Egestorffs 1868, dessen patriarchalisch geführtes Unternehmen noch ganz ohne Fremdkapital ausgekommen war, zerfiel das Unternehmen. Die Lokomotivaktivitäten sicherte sich der als Seiteneinsteiger im Eisenbahngeschäft in kürzester Zeit zum Eisenbahnkönig Deutschlands aufgestiegene Bethel Henry Strousberg. Doch bereits 1870 geriet sein durchrationalisiertes, jedoch finanziell waghalsig geführtes Unternehmen infolge eines nicht reüssierenden Rumänienauftrages auf abschüssige Bahn, so dass er noch im selben Jahr die Maschinenfabrik verkaufen und sich nach seinem Konkurs 1875 von der antisemitischen Presse verhöhnen lassen musste. Das florierende Lindener Werk wurde von einem Bankenkonsortium unter Führung der Hannoverschen Bank übernommen und ab 1871 unter dem Namen Hannoversche Maschinenbau-Aktiengesellschaft, später kurz HANOMAG, weitergeführt.

Hannovers Hauptindustriezweige

Bei der Herausbildung der großen Industriezweige Hannovers blieben die bodengebundenen Industrien hinter den standortunabhängigen zurück. Zu den Bodenschätzen in Hannovers Umgebung, die zwar eine gewisse, aber nur in wenigen Fällen eine für die Großindustrie konstitutive Rolle spielten, gehörten die Deisterkohle, der bei Ahlem und Limmer abgebaute Asphalt, das von den Salinen Egestorffhall, Neuhall und Georgenhall gelieferte Speise-, Vieh- und Gewerbesalz, der im Raum Misburg anstehende Mergel als Grundstoff für die dort aufblühende Zementindustrie, das westlich und östlich der Stadt mit Tiefbohrungen geförderte Kalisalz sowie die im nordöstlichen Einzugsgebiet Hannovers erschlossenen Ölquellen. So wurde Hannover Anfang des 20. Jahrhunderts zum Zentrum der niedersächsischen Zement-, Kali- und Erdölindustrie.

Als standortunabhängige Industrien entwickelten sich, teils aus innerstädtischen Handwerksbetrieben hervorgehend, Metallindustrie und Maschinenbau, die Chemische Industrie, zu der auch Unternehmen der Farben- und Klebemittelindustrie, der Bürochemie und die großen Gummifabriken zu zählen sind, weiterhin die Textilindustrie und als letzter großer

Industriezweig die sich parallel zum Anstieg der Bevölkerung wie der Kaufkraft entwickelnde Nahrungs- und Genussmittelindustrie, die ihre Rohstoffe, soweit möglich, aus Landwirtschaft, Viehzucht und Gartenbau des hannoverschen Umlandes bezog. So hatten es bereits die 1322 zum ersten Mal erwähnten Bierbrauer gehalten, deren Gilde-Brauerei die älteste der um 1900 bestehenden fünf großen Brauereien war. Zwar nicht zu den vorstehenden großen Industriesparten gehörend, aber an Bedeutung diesen nicht nachstehend, werden in der folgenden Aufstellung auch die großen Druckereien und Verlage sowie die Geschäftsbücherfabriken genannt.

Neben den genannten Unternehmen entfalteten weitere hoch spezialisierte Firmen anderer Produktionszweige weltweite Aktivitäten. Aufgrund dieser Vielfältigkeit der Gewerbesparten und der unterschiedlichen Größe der Betriebe war die hannoversche Wirtschaft schon Anfang des 20. Jahrhunderts von einer gesunden Ausgewogenheit gekennzeichnet, die sie in den folgenden Jahrzehnten weniger krisenanfällig machte.

Linden und Hannover als Industriestädte

Linden, gegen Ende des 19. Jahrhunderts längst an die Grenzen seiner räumlichen Möglichkeiten für weitere Industrieansiedlungen gestoßen, begann sich zur Arbeiterwohnsitzgemeinde von Hannover zu entwickeln, denn die große Nachbarstadt hatte die kleinere Nachbargemeinde, die erst 1885 das Stadtrecht erhielt, im selben Jahr bereits als Industriestandort überrundet. Linden war aufgrund der mannigfachen, sich in einer

HINTERGRUND

AUS DER RATHAUS-FESTSCHRIFT 1913

»Stets wird die Fortbildung der bloßen Industriestadt zur Großstadt erheblich gefördert, wenn sie, über den Typus der ›Arbeiterstadt‹ hinauswachsend, zu einem Mittelpunkt des Handels- und Kreditverkehrs wird, und sich um den industriellen Kern allmählich Bevölkerungselemente ansetzen, deren höheres Einkommen die wirtschaftliche Grundlage für eine immer reichere Bedarfsgestaltung, deren geistiges Niveau den Antrieb für die Entfaltung eines verfeinerten Kulturlebens abgeben kann.«

reinen Arbeiterstadt ergebenden Probleme längst von seiner Nachbarstadt abhängig, mit der ohnehin bereits viele infrastrukturelle Verbindungen bestanden. Doch Lindens seit 1865 mehrfach vorgetragenes Ersuchen um Eingemeindung hatte Hannover stets abgelehnt. Denn hier war man keineswegs bereit, sich die finanziellen Lasten und sozialen Probleme der Nachbarstadt aufzubürden, zumal für den hannoverschen Magistrat unter Stadtdirektor Heinrich Tramm galt.

Industriebetriebe

Zwischen 1835 und 1914 gegründete standortunabhängige Industriebetriebe (Auswahl; * geschlossen, größtenteils in der 2. Hälfte des 20. Jahrhunderts)

Metallverarbeitung und Maschinenbau:
1835 Georg Egestorff, Eisengießerei und Maschinenfabrik, heute Hanomag-Komatsu; 1856 Knoevenagel, Maschinenbau*; 1858 Bode & Panzer, Geldschränke*; 1864 Vereinigte Schmirgel- und Maschinenfabrik; 1871 Louis Eilers, Stahlbau*; 1871 Körting, Apparatebau; 1872 Wohlenberg, Drehbänke, heute Werkzeugmaschinen; 1873 Hävemeyer & Sander, Maschinenfabrik, nach dem II. Weltkrieg Aufzüge, heute Kone GmbH; 1882 Eisenwerk Wülfel*; 1892 Troester, Spezialmaschinen für die Gummiindustrie; 1897 Berstorff, Spezialmaschinen für Gummi- und Kunststoffindustrie; 1898 Hannoversche Waggonfabrik HAWA*.

Chemische Industrie:
1838 Hornemann, Künstlerfarben, ab 1871 Günther Wagner/ Pelikan; 1843 Jänecke & Schneemann, Druckfarben; 1861 de Haen, Chemikalien, 1902 nach Seelze verlegt; 1862 Hannoversche Gummikammfabrik, ab 1912 Excelsior, 1928 von der Continental übernommen; 1871 Continental Gummiwerke, 1993 Übernahme von Benecke-Kaliko; 1889 Sichel, Malerleim und -kleister, Chemikalien, heute zur Henkel-Gruppe gehörend; 1901 Hansen, Gummi.

Textilindustrie:
1837 Mechanische Baumwollweberei, Lindener Samt*; 1853 Stichweh, Wäscherei, Färberei, Reinigung; 1853 Hannoversche Baumwollspinnerei und -weberei*; 1868/71 Döhrener Wollwäscherei und -kämmerei*.

Nahrungs- und Genussmittelindustrie:
1851/53 Sprengel, Schokolade etc.*; 1875 Appel, Fisch-Feinkost*; 1886 Hannoversche Brotfabrik, 1929 übernommen von der Hamburger Großbäckerei Franz Harry; 1889 Bahlsen, Dauerbackwaren, seit 1891 Leibniz-Cakes, von B. eingedeutscht zu Keks (wie Delikatessen von Appel zu Feinkost); 1896 Ahrberg, Fleisch- und Wurstwaren, übernommen von der Landschlachterei Gramann; 1897 Wülfeler Brotfabrik*; 1901 Karasi, Zigaretten*; 1911 Weishäupl, Wurst- und Fleischwaren*.

Druckereien/Verlage, Geschäftsbücherfabriken (teils älter als oben angegeben):
1747 Schlüter; 1782 Hahn; 1815 Culemann*; 1827 Gebrüder Jänecke*; 1845 König & Ebhardt, Geschäftsbücher*; 1856 Edler & Krische, Geschäftsbücher*; 1893 Madsack, u. a. Hannoversche Allgemeine Zeitung.

Elektrotechnische und Unterhaltungsindustrie:
1881 J. Berliner Telephonfabrik*; 1898 Deutsche Grammophon-Gesellschaft, nicht mehr in Hannover ansässig, Teil der Universal Music Group, 1900 Hackethal Draht- und Kabelwerke, produzierte den von H. erfundenen störungsfreien Telephondraht.

Arbeiterbewegung

Tramm war natürlich auch die Arbeiterbewegung ein Dorn im Auge, die mit dem Allgemeinen Deutschen Arbeiterverein (ADAV) der Lassalleaner seit Ende der 1860er-Jahre zunehmend Kontur gewonnen hatte und nach Aufhebung des Sozialistengesetzes erstarkte. Als hannoversche Organisation wurde am 1. Juli 1890 im Ballhof der Fabrikarbeiterverband (FAV) gegründet, aus dem die heute mit ihrer Hauptverwaltung in Hannover beheimatete IG Bergbau, Chemie, Energie hervorging. Vorsitzender des Fabrikarbeiterverbandes war bis 1931 der in den unterschiedlichsten Organisationen der Arbeiterbewegung aktive August Brey, der als Nachfolger Heinrich Meisters von 1906 bis 1932 den Wahlkreis 8 im Reichstag vertrat.

Zentrum der hannoverschen Arbeiterbewegung wurde das 1909/10 an der Goseriede errichtete und 1919 um das Volksheim erweiterte Gewerkschaftshaus, auch »Rotes Rathaus« genannt. Hier hatten auch die SPD mit ihrer seit 1890 erscheinenden Tageszeitung Volkswille und verschiedenen Arbeiter-Bildungs- und Freizeiteinrichtungen ihren Sitz.

Parteien, Wahlen, Parlamente

Den weitgehend parallel zur Ausbreitung der Gewerkschaftsbewegung verlaufenden Anstieg sozialdemokratischer Wählerstimmen spiegelten die Ergebnisse der Reichstagswahlen. Denn nur für diese gab es vor 1919 ein allgemeines, gleiches, geheimes und direktes Wahlrecht für Männer über 25. Die Sozialdemokraten gewannen im Wahlkreis 8 (Stadt und Landkreis Hannover und Stadt Linden) das bis dahin von der DHP gehaltene Mandat seit 1884 in der Stichwahl, entweder von DHP oder Nationalliberalen (NL) unterstützt. Letztere hatten, obgleich einer ihrer führenden Köpfe, Rudolf von Bennigsen, Jahrzehnte hindurch eine bedeutende Rolle im politischen Leben der Stadt spielte, keine Chance bei den Reichstagswahlen. Dafür zogen die Vertreter der Nationalliberalen nach dem Dreiklassenwahlrecht in das Preußische Abgeordnetenhaus ein. Ähnlich anachronistisch wie dieses war das an das Bürgerrecht geknüpfte Wahlrecht zum BVK.

Bevölkerungsentwicklung und Berufsstruktur um 1900

Dass die Bevölkerung in schnellem Tempo wuchs, in Hannover von 1875 bis 1905 von 106 677 auf 250 024 und in Linden im

WAHLRECHT ZUM BVK

Der zur Kommunalwahl berechtigten Bürgerschaft gehörten 1912 bei einer Einwohnerzahl von gut 310 000 lediglich 11 348 Männer über 25 Jahre an: 6502 Hausbesitzerbürger, 924 Bürgerkinder, 357 Ärzte, Rechtsanwälte und andere freie Berufe, 260 sonstige »Vollbürger«, 108 alte Innungsmeister, 2722 Beamtenfreibürger, 475 politische Kaufbürger – unter denen lediglich 97 Gewerbegehilfen und Arbeiter sowie 55 Privatangestellte waren. Die so zusammengesetzte Wahlbürgerschaft fand ihr Spiegelbild im BVK. Nach dem Adressbuch von 1913 saßen im BVK: 9 Kaufleute, 5 Gewerbetreibende, 4 Architekten, je 3 Fabrikbesitzer, Handwerksmeister, Landwirte und Rechtsanwälte, 2 Rentiers sowie je ein Arzt, Gastwirt und Rektor, jedoch kein Vertreter der all die genannten Berufszweige an Zahl bei weitem übersteigenden Arbeiterschaft, deren SPD im Lindener BVK einen Sitz und nach der Eingemeindung Ricklingens 3 Sitze hatte.

gleichen Zeitraum von 20 899 auf 57 941, war sowohl Voraussetzung für den rasanten Industrialisierungsprozess als auch dessen folgenreiche Begleiterscheinung. Im Zuge dieser Bevölkerungsentwicklung wandelte sich die städtische Sozialstruktur. Die gewerblichen Arbeitnehmer wurden zur stärksten gesellschaftlichen Gruppe. 1907 waren von den insgesamt 118 703 Erwerbstätigen 57 743 oder 48,6 % in der Industrie (einschließlich Landwirtschaft und Lohnarbeit wechselnder Art) beschäftigt. Mit der Zahl der Erwerbstätigen stand Hannover im Deutschen Reich an 12., mit der Zahl der Industriebeschäftigten jedoch erst an 28. Stelle von 42 erfassten Großstädten. Mit 28 414 oder 23,9 % nahm die Stadt in Handel und Verkehr (einschließlich Schankgewerbe) den 11. und mit 32 546 oder 27,4 % im Sektor Öffentlicher Dienst, Militär, freie Berufe und Berufslose ebenfalls den 11. Platz ein. Auch galt Hannover um 1900 als Stadt der Pensionäre, Rentiers, Beamten, denn neben der Stadtverwaltung hatten eine Reihe staatlicher, kirchlicher und sonstiger Behörden sowie Banken, Versicherungen und Wirtschaftsverbände ihren Hauptsitz in Hannover. Zudem bestand eine große Garnison in der Stadt.

»Wir haben hier alles, was die kommende Großstadt mit sich bringt«

Aufbau einer modernen Infrastruktur

1906 hatte ein Berliner Journalist nicht nur ein hannoversches Nachtleben in Abrede gestellt, sondern auch Hannovers Großstadtcharakter generell in Zweifel gezogen.

Der Hannoversche Anzeiger empörte sich und schrieb am 10. Oktober 1906: »Es gibt Damenkneipen, Verbrecherspelunken, Spielhöllen und andere Höllen, die z. T. öffentlich bleiben und gedeihen, teils heimlich ein ganz zufriedenes und gewinnbringendes Dasein führen [...] Wir haben hier alles, was die kommende Großstadt mit sich bringt [...] Man sieht leichte Vögel beiderlei Geschlechts, die in Nachtlokale eindringen oder per Schub hinausfliegen, hier so gut und schlecht wie in Berlin [...] Es gibt ehrliche Bierlokale [...] und andere Lokale mit gemischten Gefühlen.«

Dieses Hannover war Anfang des 20. Jahrhunderts nicht nur statistisch aufgrund seiner Einwohnerzahl eine Großstadt, sondern verfügte auch über alle großstadttypischen Einrichtungen. Mit einer Einwohnerzahl von 316 300 stand Hannover im Juli 1913 an 13. Stelle der deutschen Großstädte, mit einer Stadtfläche von 10 156 ha an 5. und mit einer Bevölkerungsdichte von 3192 Personen/km^2 an 15. Stelle. Die Stadt wies alle großstadttypischen Funktionsbereiche auf: eine City mit Geschäfts-, Banken- und Versicherungsviertel, mehrere Theater und Museen, zahlreiche, der Erholung dienende riesige Grünanlagen und Schmuckplätze, große Areale und Bauten für die unterschiedlichsten Verwaltungen sowie die raumgreifenden Anlagen und Zweckbauten für Bahn und Post, dazu zahlreiche große Industriebetriebe, die eine dichte Wohnbebauung nach sich gezogen hatten. Zusammengehalten wurden die vielfältigen Stadtbereiche durch einen

Automobiler Löschzug der Berufsfeuerwehr. – Fotografie, um 1905.

leistungsfähigen öffentlichen Personennahverkehr und ein auf das Zentrum ausgerichtetes Straßennetz.

Den genannten Merkmalen entsprachen die zahlreichen zu Verwaltung und Daseinsvorsorge vorwiegend seit dem letzten Drittel des 19. Jahrhunderts geschaffenen städtischen Ämter und Einrichtungen der unterschiedlichsten Art. 1875 wurde mit Rudolf Berg ein Stadtbaurat an die Spitze des Bauamtes berufen. Mit dem im gleichen Jahr erlassenen Fluchtliniengesetz wurden die Voraussetzungen für eine geordnete Bauplanung geschaffen. 1880 trat neben die freiwillige eine Berufsfeuerwehr, die 1902 als Erste auf dem Kontinent einen automobilen Feuerlöschzug erhielt. 1890 bekam Hannover an der Durchbruchstraße eine in Jugendstilformen aus Eisen und Glas gestaltete Markthalle, im gleichen Jahr wurde die Gartendirektion verselbstständigt, die unter Leitung des Gartenkünstlers Julius Trip die Voraussetzungen für Hannover als »Großstadt im Grünen« schuf. 1875/78 hatte mit Hilfe von Wasserwerken in Hannovers Umgebung die Neuausrichtung der Wasserversorgung begonnen, der ab 1890 die Anlegung der Kanalisation und auf Druck des Regierungspräsidenten 1908 die Inbetriebnahme der Kläranlage folgten, die Abwässer und Fäkalien mechanisch gereinigt in die Leine entsorgte. Das erste Elektrizitätswerk hatte die Stadt 1891 in der Osterstraße in Betrieb genommen, das zweite folgte 1902 in der Nähe des Bahnhofs Leinhausen.

Große Aufmerksamkeit galt dem Schulwesen, so dass die Stadt 1913 neben einer Anzahl von Schulen in anderer Trägerschaft mit 42 Bürgerschulen (später Volksschulen), teils mit einer Klassenfrequenz von 50 Kindern, je zwei Mittel- und Realschulen und 13 höheren Schulen aufwarten konnte. Die in staatlicher Trägerschaft stehenden Hochschulen, die 1899 mit dem Promotionsrecht ausgestattete Technische Hochschule (seit 1879 im Welfenschloss untergebracht) und die an den Misburger Damm (Hans-Böckler-Allee) übergesiedelte, 1887 mit dem Namen Tierärztliche Hochschule und 1899 mit dem Promotionsrecht ausgezeichnete Tierarzneischule hatten bereits einen weit über Hannover hinauswirkenden Ruf.

Während die Stadt allgemein am wirtschaftlichen Aufschwung des Kaiserreichs teilhatte, entwickelten sich einige Stadtviertel zu Problemfeldern. Dazu gehörten die Altstadt und Teile der Neustadt, wo sich Not und Elend auszubreiten begannen. Das romantische Bild der spätmittelalterlichen Fachwerkstadt erwies sich zunehmend als trügerisch, und manche Straßenzüge im alten Stadtkern waren Ende des 19. Jahrhunderts schon im Begriff, zum Slum zu verkommen.

Die City entsteht

Parallel zu ihrem sozialen Absinken verlor die Altstadt auch ihre Funktion, mit Marktplatz und Altem Rathaus Zentrum und wirtschaftlicher Mittelpunkt der Stadt zu sein. Das neue Zentrum des modernen Hannover entstand nach Durchbruch der Karmarschstraße etwa auf halbem Wege zwischen Marktplatz und Bahnhof. Diesen Trend hatte der mit seiner Konditorei in der Leinstraße ansässige, aus einer Schweizer Konditorenfamilie stammende Georg Robby offenbar früh erkannt und sich bereits 1869, ein Jahrzehnt vor dem Durchbruch der Karmarschstraße, von Otto Goetze dort ein Caféhaus errichten lassen, wo diese auf Georg- und Bahnhofstraße traf.

Das orientalisch anmutende Café Kröpcke. – Aquarell von Georg Dieckmann, 1907.

VOM »CAFÉ ROBBY« ZUM »CAFÉ KRÖPCKE«

Das »Café Robby« brachte aufgrund seines orientalisch anmutenden Stils Farbe in die oft norddeutsch grau erscheinende Stadt. Im Lauf der Jahrzehnte entwickelte es eine belebende Anziehungskraft auf Bürger und Künstler. Hier traf sich, was in Hannover Rang und Namen hatte, desgleichen schauten Gäste aus aller Welt herein. In Werner Bergengruens Novelle »Der Dichter und der Amokläufer« ist ein »einstöckiges Kaffeehaus« unschwer als das Café Kröpcke zu identifizieren. 1885 hatte der Oberkellner Wilhelm Kröpcke das einträgliche Etablissement mit seinen neun kleinen Zimmern und dem mehr als 2000 Plätze bietenden Café- und Konzertgarten gepachtet. Er betrieb es bis zu seinem Tode 1919. Der Name des Pächters hatte sich längst an den Pavillon geheftet und wurde 1948 auch auf die platzartige Erweiterung vor dessen Fenstern übertragen.

Im Umfeld dieses Platzes bildete sich die neue City, an deren Entstehen der Bauunternehmer, Architekt und Politiker Ferdinand Wallbrecht entscheidenden Anteil hatte. Er stellte zwischen 1879 und 1898 in mehreren Bauabschnitten mit der heutigen Karmarschstraße eine Verbindung vom Bahnhof nach Linden her und ließ dabei vor dem Café Kröpcke eine Kreuzung entstehen, die sich zu einer Art Drehscheibe des innerstädtischen Verkehrs- und Wirtschaftslebens entwickelte. Zwischen Karmarsch-, Schmiede- Heiliger- und nördlicher Georgstraße wuchsen ab 1880 neben den zunächst noch in Altbauten weiterbetriebenen Einzelhandelsgeschäften nach und nach neue Warenhäuser empor, teils mit jugendstilgeprägten Fassaden in moderner Eisen- und Glaskonstruktion wie unter anderem die Häuser Sältzer und Molling. Der südliche Teil der Georgstraße zwischen Kröpcke und Aegidientorplatz war mit Hoftheater und Grünanlagen schon damals der eindeutig vornehmere. Hier schloss sich das Banken- und Versicherungsviertel an. Stadtseitig war am Ende des 19. Jahrhunderts eine geschlossene Geschossbebauung entstanden, in deren Erdgeschoss exquisite Ladengeschäfte zum Kauf einluden, wie die Firma Lameyer & Sohn, Hannovers Modegoldschmied der Kaiserzeit.

HINTERGRUND

VON DER PROMENADE ZUM »SCHORSENBUMMEL«

Eine hannoversche Besonderheit dieses Teils der Georgstraße war die sonntägliche Promenade, die Karl Jakob Hirsch in seinem 1931 erschienenen Roman »Kaiserwetter« in die Literatur eingeführt hat. Wahrscheinlich seit dem letzten Drittel des 19. Jahrhunderts promenierte man sonntags von 12 bis 1 Uhr mittags zwischen Ständehaus- und Windmühlenstraße in Hörweite der auf der Freitreppe des Hoftheaters musizierenden Militärkapelle. Durch den I. Weltkrieg unterbrochen, im Dritten Reich den Aufmärschen der Nazis erlegen, war der Wiederaufnahme des 1987 aus Anlass des 200-jährigen Bestehens der Georgstraße jetzt »Schorsenbummel« genannten Promenierens keine Kontinuität beschieden. – »Schorse« ist übrigens die hannoversche Eindeutschung des englischen »George«.

Aus dem kulturellen Leben

Das kulturelle Leben der preußischen Provinzstadt blieb weitgehend unauffällig. Gewiss lebten und arbeiteten hier einige Künstler, deren Namen man auch auswärts kannte: die Hofmaler Carl Oesterley und Friedrich Kaulbach, der Historienmaler Hermann Schaper, die Bildhauer Friedrich Wilhelm Engelhardt und Carl Dopmeyer. Der gemeinsame Sitzungssaal der Städtischen Kollegien im Neuen Rathaus wurde allerdings von dem Schweizer Maler Ferdinand Hodler mit dem Monumentalgemälde »Einmütigkeit« ausgeschmückt, das die Einführung der Reformation in Hannover in einer eigenwilligen Art darstellte. Viele Hannoveraner waren von deren Darstellung damals nicht überzeugt, auch Wilhelm II. nicht. Die offizielle Kunstpolitik des Magistrats, die von dem an sich kunstsinnigen und selbst Kunst sammelnden Stadtdirektor Heinrich Tramm ziemlich autoritär bestimmt wurde, blieb dem Konventionellen verhaftet, was sich natürlich auch in der von Tramm im Kestner-Museum begründeten Städtischen Galerie spiegelte. Dieser Kunstpolitik, die auch in den Kunstverein hineinwirkte, stellten der modernen Kunst zugewandte Bürger 1916 die Kestner-Gesellschaft entgegen. Zur gleichen Zeit ließ der Keksfabrikant Hermann Bahlsen von Bernhard Hoetger und Martel Schwichtenberg mit der TET-Stadt eine geradezu futuristisch wirkende Anlage für Fabrik, Wohnungen und Kulturbauten entwerfen, die jedoch nicht gebaut wurde.

Das hannoversche Theaterleben stand hauptsächlich im Zeichen des Hoftheaters, das seit 1866 der Königlich-Preußischen Generalintendanz in Berlin unterstellt war, und weder in der Oper noch im Schauspiel durch außergewöhnliche Aufführungen auffiel. Daneben gab es als Privatbühnen das sehr gut besuchte Residenz-Theater und das sich aufgrund seiner vorwiegend modernen Stücke gelegentlich Verbote einhandelnde Deutsche Theater. Eine Bühne besonderer Art wurde 1899 mit dem Spezialitätentheater »Mellini« in der Artilleriestraße (Kurt-Schumacher-Str.) eröffnet. Das bald zu Deutschlands besten Varietétheatern gehörende Haus spielte später auch Operetten. Die Nationalsozialisten funktionierten es 1938 zum

KdF-(Kraft durch Freude) Theater um. Als letzter Theaterbau vor dem I. Weltkrieg wurde, ebenfalls als private Bühne, 1911 an der Hildesheimer Straße die Schauburg mit Goethes Faust I eingeweiht, eines der schönsten Theater Deutschlands.

Ausschließlich bürgerlicher Initiative verdanken alle großen Museen Hannovers ihr Entstehen. Das Niedersächsische Landesmuseum begann 1852 als eine Gründung von Vereinen, das Kestner-Museum (Museum August Kestner) 1889 als Stiftung, das Vaterländische Museum (Historisches Museum) 1903, angeregt vom Heimatbund Niedersachsen, das Wilhelm-Busch-Museum 1937 von der gleichnamigen Gesellschaft gegründet und 1979 das Sprengel-Museum, das letztlich auf eine Initial-Schenkung des Schokoladenfabrikanten Bernhard Sprengel zurückgeht.

In der Literaturszene fielen verschiedene Namen auf, die sich größtenteils nur kurze Zeit mit Hannover verbanden. Einige Philosophen, Schriftsteller, Dichter und Journalisten, die hier geboren wurden, wie Ludwig Klages, Hannah Arendt, Frank Wedekind, Friedrich Georg Jünger und Karl Jakob Hirsch oder andere, die einige Jahre ihres Lebens hier verbrachten, wie Carl Sternheim, Albrecht Schaeffer, Moritz Jahn, Ernst Jünger, Joachim Ringelnatz und Herbert Ihering. Zurückgekehrt oder geblieben waren nur zwei: der Philosoph und Psychologe Theodor Lessing, der 1908 äußerst enttäuscht in seine Geburtsstadt zurückkehrte, und der im I. Weltkrieg gefallene Dichter Gerrit Engelke. Als Zugewanderter machte sich Hermann Löns einen Namen, der als Fritz von der Leine auch für den 1893 gegründeten Hannoverschen Anzeiger schrieb.

Für den Feuilletonredakteur, Schriftsteller und Dichter Friedrich Rasche blühte die Literatur in der Provinzhauptstadt, wie er dem Merian-Heft Hannover 1950 anvertraute, eher »im Verborgenen«, auch wenn inzwischen neue Namen aufgetaucht waren: Kurt Schwitters, Theodor Lessing, der Philosoph Ludwig Klages, Gustav Schenk, Hans-Jürgen Weidlich, Frank Thies und Gottfried Benn.

DIE HANNOVERANER UND DIE LITERATUR

Sarkastisch glossierte Rasche das Verhältnis der Hannoveraner zur Literatur: »Sicher ist auch der normale Hannoveraner davon überzeugt, dass es sich bei der Literatur um keine ganz überflüssige Sache handelt, wie er nichts dagegen hat, dass der Zufall hin und wieder auch in Hannover einen Dichter zur Welt kommen lässt. Er wird ihn sogar in Maßen achten und ehren; aber wenn er die Ruhmestitel seiner Stadt aufzählt, wird er erst nach den Gummireifen, der Tinte, dem Keks und dem Fleischsalat den Namen des Dichters nennen. Nun, das ist die geläufige Wert- und Rangordnung, wie Bürgersinn und Bürgerstolz sie allenthalben festlegt, man braucht ihretwegen dem Hannoveraner nicht gram zu sein«. *(Merian, S. 28)*

Bödeker und Uhlhorn, dazu mehr als 20 Kirchen

Aus Osnabrück zugewandert war der bereits erwähnte legendäre Hermann Wilhelm Bödeker, der, seit 1825 Pastor an der Marktkirche, seit 1851 Senior des Geistlichen Stadtministeriums, im Kirchenwesen der Stadt nicht nur als volkstümlicher Prediger eine besondere Rolle spielte. Denn sein Nachruhm beruht eher auf seinen vielfältigen wohltätigen Aktivitäten, denen die Gründung einer Anzahl sozialer Einrichtungen entsprang. Genannt seien nur das Schwesternhaus (1847/48), die Bödekerkrippe (1851) und die Kinderheilanstalt (1863). In zahllosen Einzelfällen linderte er persönliche Not, so dass in Hannover der Spruch umging: »Wenn kener di helpen kann, moste na'n Paster Bödeker gahn, und wenn de kenen Rat wet, biste gewiss verlor'n«.

Bödeker verstand es ausgezeichnet, Spenden für seine Vorhaben einzusammeln. Zudem ließ er zwölf von Georg Hurtzig entworfene, gusseiserne Engel, »Bödeker-Engel« genannt, an belebten Plätzen der Stadt aufstellen, die um Spenden in ihre Kästen baten. (Die beiden letzten erhaltenen stehen auf dem Engesohder und dem Stöckener Friedhof.) Aus eigener Tasche schoss er mehr als 30 000 Taler zu. Die Gartenlaube nannte den hannoverschen Pastor ein »Genie im Wohltun«.

Und auch sonst machte der Pastor von sich reden. 1839 gründete er den Mäßigkeitsverein zur Bekämpfung der Trunksucht, 1844 den Tierschutzverein, womit er sich den Ärger der Schlachterinnung zuzog. Mit Friederike Kempner, dem »Schlesischen Schwan«, war er sich darin einig, Verstorbene nicht sofort, sondern erst nach einigen Tagen zu beerdigen, um ein Lebendig-Begrabenwerden zu verhindern. Beide traten für den Bau von Leichenhallen ein.

Als Pastor hielt Bödeker an der vernunftbestimmten, im Zeitalter der Aufklärung begründeten Theologie fest, in der sowohl seine pastorale Vielgeschäftigkeit als auch sein offener Umgang mit Katholiken und Juden ihre Wurzeln hatten. Von neuen theologischen Richtungen wie der Erweckungsbewegung ließ er sich kaum beeinflussen. Folglich stand er im Katechismusstreit des Jahres 1862 auf der Seite der Verteidiger des einer praktischen Aufklärung verpflichteten Katechismus von 1790, der Kirche und Schule in Hannover seither geprägt hatte.

Die geistliche Führung der erst Anfang des Jahres 1866 gebildeten Evangelisch-lutherischen Landeskirche für das Königreich Hannover, die ihre Selbstständigkeit auch nach der Annexion bewahren konnte, lag im letzten Drittel des 19. Jahrhunderts bei dem ehemaligen hannoverschen Hofprediger Gerhard Uhlhorn, der seit 1878 Abt von Kloster Loccum war. Zu Uhlhorns kirchenpolitischen Zielen gehörten in der wachsenden Großstadt Hannover sowohl die Auseinandersetzung mit der sozialen Frage als auch die Bildung übersichtlicher Kirchengemeinden. Für deren erste wurde 1864 die in Baustil und liturgischer Ausstattung richtungweisende Christuskirche eingeweiht. Ein halbes Jahrhundert später überragten die Türme 20 weiterer evangelisch-lutherischer Kirchen Hannovers Silhouette, dazu die reformierte Kirche, ferner sieben katholische Kirchen, die sich um die 1894 von Papst Leo XIII. zur Probstei erhobenen St. Clemenskirche scharten, darunter die mit Unterstützung des zweimaligen hannoverschen Ministers und Zentrumsführers Ludwig Windthorst gebaute Marienkirche, in der er auch beigesetzt wurde.

Eine neue Synagoge

Im Jahr der Einweihung der Christuskirche 1864 wurde in der Calenberger Neustadt, unweit der kleinen Synagoge von 1827, der Grundstein für eine neue Synagoge gelegt. Die jüdische Gemeinde zählte in diesem Jahr 1371 Mitglieder. Der Architekt der neuen Synagoge, der Hase-Schüler Edwin Oppler, schrieb selbstbewusst über sein Bauprogramm:

» ... DIE ERSTE IN DEUTSCHEM STYLE«

ZEITZEUGE

»Denn das Bauwerk, will es Anspruch auf ein monumentales machen, muss vor allem national sein. Der deutsche Jude muss also im deutschen Staate im deutschen Style bauen. [...] Der romanische Styl ist durch und durch deutsch [...]. Der Rundbogen ist das Sinnbild der Kraft und des Ernstes in der Ruhe. Darum wählte ich diesen Styl [...] Das Gebäude in seiner ganzen Anlage auf einem freien Platz neben einer christlichen Kirche wird der Triumph des Judentums im 19ten Jahrhundert sein. [...] Diese neue Synagoge in Hannover wird die erste im deutschen Style sein.«

(Schwarz, S. 221f.)

Als Opplers schöner Bau 1870 eingeweiht wurde, hatten die Juden in Hannover schon eine 600-jährige Geschichte hinter sich. Da die altstädtische Verordnung von 1588, nach der alle Nicht-Lutheraner mit Einbruch der Dunkelheit die Stadt zu verlassen hatten, natürlich auch für die Juden galt, hatte sich jüdisches Leben seit dem 17. Jahrhundert in der Neustadt konzentriert, wo der schon genannte Hofjude Leffmann Behrens entscheidend zu dessen Festigung beigetragen hatte, seinen Glaubensgenossen eine Synagoge baute, ihnen den Begräbnisplatz sicherte und die Einrichtung eines Landrabbinates erreichte. Die Gleichberechtigung erhielten die Juden erst mit dem Verfassungsänderungsgesetz von 1848, bestätigt in der Reichsverfassung von 1871. Doch infolge der Gründerkrise brach ein neuer, jetzt auch nationalistisch und rassistisch aufgeheizter Antisemitismus auf, für den die so genannte Berliner Bewegung bei den Kommunen hausieren ging, vom hannoverschen Magistrat jedoch entschieden abgewiesen wurde.

Die Neue Synagoge, entworfen von Edwin Oppler. – Postkarte, um 1900.

Aus der Reihe der zahlreichen, seit dem 18. Jahrhundert in Kultur und Wirtschaft über Hannover hinaus bekannt gewordenen Juden seien genannt: Rafael Levi, Mathematiker und Astronom, Schüler und Sekretär von Leibniz; die zum emanzipierten Judentum des 19. Jahrhunderts gehörenden Landrabbiner Dr. Marcus Adler und Dr. Samuel Ephraim Meyer, der Violinvirtuose Joseph Joachim und Kapellmeister Richard Lert, der erfolgreiche Direktor der Continental Siegmund Seligmann, ein allseits anerkannter Wirtschaftsführer, Ehrenbürger Hannovers und Ehrendoktor der Technischen Hochschule, die Brüder Berliner, Gründer der J. Berliner Telephonfabrik, der ersten ihrer Art in Europa, und der Deutschen Grammophon AG sowie Finanziers der Gründung der Hackethal Draht- und Kabelwerke; last but not least der Bankier und Wohltäter Moritz Simon, 1896 Gründer der Israelitischen Gartenbauschule Ahlem, die im Zuge der von Simon angestrebten Berufsumschichtung der Juden diese als Gärtner, Landwirte oder Handwerker ausbildete, was sich für die vor oder nach 1933 nach Israel auswandernden ehemaligen Schüler als existenzermöglichend erwies.

Militär und I. Weltkrieg

Hannover war eine der großen Garnisonstädte des Deutschen Reiches. Nach 1866 hatte die preußische Regierung, um die neue Provinzhauptstadt, die seit 1640 Garnisonstadt war, mit den neuen politischen Verhältnissen auszusöhnen, zahlreiche preußische Truppenteile sowie die militärisch wie sportlich zu Berühmtheit aufsteigende Kavallerieschule nach Hannover verlegt. Und Kaiser Wilhelm II. hatte im Zuge dieser Politik 1899 einigen die Traditionen von hannoverschen Regimentern verliehen. 1913 waren neben dem Generalkommando des X. Armeekorps und anderen Stabsstellen 7239 Soldaten in Hannovers 14 Kasernen stationiert. Da diese größtenteils in der Stadt lagen, gehörten Militärpersonen überall zum Straßenbild. Ihre Regimentskapellen, die in den Waldgaststätten, Konzertgärten, bei der Promenade auf der Georgstraße und bei sonstigen Gelegenheiten aufspielten, waren äußerst beliebt.

Die mit Beginn des I. Weltkrieges voll ausbrechende Kriegsbegeisterung ließ Scharen freiwillig zu den Waffen eilen, darunter den 48-jährigen Hermann Löns, der bereits im September fiel. Ein anderer, Paul von Hindenburg, der sich als Pensionär nach Hannover zurückgezogen hatte, in eine Stadt, die nach seiner Ansicht alle Vorteile einer Großstadt hatte, ohne zugleich auch deren Nachteile zu haben, wurde reaktiviert und gelangte 1916 an die Spitze der Obersten Heeresleitung. Zahlreiche Firmen mussten in die Rüstungsproduktion einsteigen, Frauen, Jugendliche und Nichtkriegsdienstfähige die im Felde stehenden Arbeiter ersetzen.

Probleme in der Lebensmittelversorgung zeigten sich bereits 1915, als Brotmarken ausgegeben werden mussten, denen die Rationierung anderer Lebensmittel folgte. Die Stadt versuchte zwar, der Versorgungsengpässe Herr zu werden, hatte aber dem berüchtigten Steckrübenwinter 1916/17 nichts entgegenzustellen, so dass es im Januar 1917 zu ersten Unruhen kam. Als der mörderische Krieg zu Ende ging, hatten, von den Verwundeten zu schweigen, 13 000 Hannoveraner ihr Leben verloren.

Der am 20. Juni 1913 eingeweihte schlossähnliche Prachtbau des Neuen Rathauses.

Stadtdirektor Heinrich Tramm und seine Denkmäler

Mit dem Ende des Krieges kam auch das Ende der Amtszeit des Stadtdirektors Tramm. Von seinen Hannoveranern auch als »König Heinrich« verspottet, amtierte er selbstbewusst, autoritär, aber erfolgreich von 1891 bis 1918 – und damit fast genau so lange wie Kaiser Wilhelm II., der die Stadt dreißigmal besuchte und sie 1890 mit dem wohlklingenden Titel Königliche Haupt- und Residenzstadt auszeichnete und dem Stadtdirektor 1901 das Recht verlieh, eine Amtskette zu tragen. Nachdem Theodor Fontane 1880 zwar einen vornehmen Eindruck von Hannover gewonnen, aber die »forcirte Gothik« doch etwas sonderbar gefunden hatte, schrieb Stefan Zweig 1908 eine Würdigung der entschieden von Heinrich Tramm geprägten Stadt, die gar nicht besser hätte ausfallen können.

STEFAN ZWEIGS LOB DER STADT

»Nicht wie in den meisten anderen deutschen Residenzen bestand ein Missverhältnis zwischen den überdimensionalen Gebäuden des Hofs [...] und der Zweckstadt, sondern die bürgerlichen, die geschäftlichen Häuser gliederten sich hier selbstgewiss und selbstverständlich den staatlichen Bauten an, die ihrerseits (insbesondere das Theater) trotz aller Größe nicht unbescheiden wirkten. Das tat wohl: hier war Gleichmaß, kein Mehrsein-wollen, keine Überheblichkeit; wenige deutsche Städte erschienen mir so gleichgewichtig zwischen Großstadt und Kleinstadt, Residenz und Industriezentrum, zwischen alt und neu, so durchaus harmonisch.« *(Zitiert nach Mlynek, 1986, S. 238).*

ZEITZEUGE

Als Zweig sein Urteil über Hannover notierte, wuchs fast außerhalb der Stadt am Rande der Aegidienmasch das Neue Rathaus empor. Entworfen hatte es der Berliner Hermann Eggert im Stil der Neorenaissance. Der damals an der hiesigen Technischen Hochschule lehrende Gustav Halmhuber vollendete nach Eggerts Entlassung den Innenausbau im ausklingenden Jugendstil. So ging quasi ein Riss durch Hannovers äußerst repräsentativen Monumentalbau, ein Riss, der seine Entsprechung, wie die Reichstagswahlergebnisse erkennen ließen, in der Stadtgesellschaft fand. Am 20. Juni 1913 wurde das 12 Mio. Mark teure Rathaus in Gegenwart Wilhelms II. eingeweiht. »Alles bar bezahlt«, soll der Stadtdirektor dem Kaiser stolz bekannt haben. Mit diesem Neuen Rathaus zeigte ein selbstbewusstes Bürgertum, was es sich leisten konnte. Heute ist dieser wilhelminische Magistratspalast mit der in seiner Entstehungszeit für Rathäuser ungewöhnlichen, mittels eines Schrägaufzuges zu befahrenden Kuppel eine Attraktion für Touristen. Denn in der Architektur des Rathauses verbinden sich Elemente des Verwaltungs-, Parlaments- und Schlossbaus, letztere noch verstärkt durch die begleitenden Bauten des Kestner-Museums und des im Kriege zerstörten Bauamtes sowie durch den rückwärtigen Maschpark.

Ein Jahr später als das Rathaus wurde in Hannover ein weiteres Großbauwerk eingeweiht, das zu verwirklichen ebenso zu den städtebaulichen und kulturpolitischen Zielen des Stadtdirektors gehörte: die von Paul Bonatz und Friedrich Eugen Scholer entworfene Stadthalle, ein dem Pantheon nachempfundener Kuppelbau im Stil des Neoklassizismus – mit seinen sparsam gegliederten Fassaden ein gewaltiger architektonischer Kontrast zum Neuen Rathaus. Diese Bauten, Denkmäler des Trammschen Wirkens, symbolisierten zugleich den Zenit seiner Amtszeit. Während der Kriegsjahre verlor diese an Glanz, weil er den ständig wachsenden Nöten teils verständnislos gegenüberstand und sich gegen Ende des Krieges als hannoverscher Propagandist der rechtsradikalen Vaterlandspartei vergaloppierte, so dass ihm am Ende des Krieges nur der Rücktritt blieb. Über Tramm und sein Regiment ist wohl kein treffenderes Urteil gesprochen worden, als es der alte Carl Schuchhardt, Gründungsdirektor des Kestner-Museums, aus der Rückschau in seinen 1944 erschienenen Lebenserinnerungen formuliert hat:

ZEITZEUGE

TRAMM: »EIN ECHTES KIND DER WILHELMINISCHEN ZEIT«

»Tramm ist für Hannover ein besonderes Kapitel. Er hat die Stadt, die aus der welfischen Zurückhaltung noch nicht herausgefunden hatte, auf eine großzügige Bahn gebracht [...]. Am meisten pflegt zu seinem Ruhm angeführt zu werden der Prachtbau des Neuen Rathauses auf der Masch, und das ist auch der beste Spiegel seines Geistes. Er war ein echtes Kind der Wilhelminischen Zeit mit seinem Hang zum Prunken und Protzen und dem sic volo sic iubeo. Man konnte sagen, dass er zugleich der größte Freund und der größte Feind unserer Kunstangelegenheiten war, der größte Freund, weil er immer wollte, dass etwas geschaffen würde, und der größte Feind, weil er alles selbst bestimmen wollte.«
(Schuchhardt, S. 268)

Hannover in der Weimarer Republik

November 1918: Der Arbeiter- und Soldatenrat sorgt für Ruhe

Wie 1848 spielte Hannovers Hauptbahnhof auch in der November-Revolution 1918 eine wichtige Rolle. Hier trafen in der Nacht vom 6. zum 7. November Marinesoldaten ein, die nach einigen Befreiungsaktionen einen Provisorischen Soldatenrat bildeten, der sich noch am gleichen Tag mit der Sozialdemokratischen Partei zu einem Vorläufigen Arbeiter- und Soldatenrat (VASR) verband. Damit wurde der Revolution in Hannover, wo es weder einen Fürsten zu entthronen noch ein Landesparlament aufzulösen galt, bereits in ihren Anfängen die Spitze genommen, obwohl es zunächst noch zu Konkurrenzräten, zu Unruhen und Schießereien kam, die auch Todesopfer forderten. Dass die Entwicklung nicht weiter eskalierte, ist hauptsächlich dem jetzt in eine entscheidende Rolle hineinwachsen-

Sitzung des Arbeiter- und Soldatenrates im Hotel „Vier Jahreszeiten" am Aegidientorplatz (vierter v. r. sitzend: Robert Leinert). – Fotografie, Nov. 1918.

den Sozialdemokraten Robert Leinert zu verdanken. Leinert war seit 1908 Mitglied des Preußischen Abgeordnetenhauses und stand zur Zeit der Revolution als Parteisekretär an der Spitze der sozialdemokratischen Parteiorganisation in der Provinz Hannover. Gemeinsam mit seinen Genossen ging es ihm darum, dass Ruhe bewahrt, der Arbeit nachgegangen und Ansammlungen auf den Straßen vermieden wurden, insgesamt also um eine ordnungsgemäße Abwicklung der Revolution.

ZEITZEUGIN //////

VICKY BAUM ÜBER DIE »ORDENTLICHE REVOLUTION«

Die Schriftstellerin Vicky Baum, mit dem am Hoftheater engagierten Kapellmeister Richard Lert verheiratet, erinnerte sich vier Jahrzehnte später an diesen hannoverschen Umgang mit der Revolution: »Zwischen dem Theater, dem nahe gelegenen Bahnhof und dem Viertel, wo wir wohnten, bauten die Spartakisten Barrikaden, die jedoch bei Nacht mit den roten kleinen Laternen des Straßenamts gekennzeichnet wurden, damit sich niemand beim Überklettern die Zehen stieß. Ein besseres Symbol für diese ruhige Ordentliche Revolution kann ich mir nicht denken.«

(Baum, S. 319)

Am 9. November ging Tramms Rücktrittsgesuch beim Magistrat ein, der den Stadtdirektor am 16. mit sofortiger Wirkung in den Ruhestand versetzte. Hingegen blieben die Städtischen Kollegien zunächst im Amt. Gemeinsam mit dem ASR schafften sie auf ganz legalem Wege die Voraussetzungen zur Durchsetzung der sozialdemokratischen Forderungen. Nach den geltenden Vorschriften der Revidierten Städteordnung von 1858 wurde Robert Leinert am 13. November als Oberbürgermeister an die Spitze der Stadt gewählt. Leinert, ein unerschütterlicher Anhänger der parlamentarischen Republik und entschiedener Gegner der Räterepublik, war übrigens der einzige Bürgermeister, der im Zuge der Revolution ins Amt kam. Mit Leinerts Wahl war die Novemberrevolution, die aufgrund des Eingreifens der Sozialdemokraten eine Militärrevolte ohne Basis in den Betrieben geblieben war, in Hannover faktisch beendet, ohne dass es große Sozialisierungsdebatten gegeben hatte.

Wahlen 1919

In Hannover und Linden erlangte die SPD bei den Wahlen zur Nationalversammlung am 19. Januar 1919 und zur Preußischen Landesversammlung eine Woche darauf die absolute Mehrheit von 51,9 % bzw 52,3 % der Stimmen, während die USPD bedeutungslos blieb. Für die Wahlen zum BVK, die jetzt nach demselben Wahlrecht abliefen wie die Reichstagswahlen entfielen auf die SPD mit 41,4 % weit weniger als die erhoffte absolute Mehrheit. Den zweiten Platz erreichten DHP/Zentrum mit 16,8 %, gefolgt von der DVP mit 7,9 % und der DDP mit 6,6 %. Die Liste Hausbesitzer mit 4,9 % und die Liste Tramm mit 4,1 % schlossen den Reigen der mehr als 3 % auf sich vereinigenden Parteien ab. Bemerkenswert war, dass der eben von seinem Posten als Stadtdirektor zurückgetretene Tramm nun auf der Seite der Legislative, dem von ihm stets wenig geliebten Verfassungsorgan, wieder auf der politischen Bühne erschien. Dort stand er bis zu seinem Tode Anfang 1932, im Parteienspektrum immer weiter nach rechts rückend, an der Spitze der unterschiedlichen Gruppierungen der bürgerlichen Parteien.

Aus dem Nachkriegsalltag

In den Jahren 1919 und 1920 gab es auch in Hannover teils monatelange Streiks aus ökonomisch-sozialen und aus politischen Gründen. So streikten die Eisen- und Straßenbahner für bessere Löhne und der Kapp-Putsch am 18. März 1920 hatte einen Generalstreik zur Folge. Wiederholt kam es zu Schießereien, die Todesopfer forderten, auch im Jahr 1923 während des Generalstreiks gegen die Besetzung des Ruhrgebietes. Dann folgte der Höhepunkt der Inflation. Die Geldentwertung hatte bereits 1920 eingesetzt. Anfang 1923 kostete ein Liter Milch 188 Mark, im Oktober des Jahres den astronomischen Betrag von 2,24 Mrd. Mark. Im November 1923 begannen mit der Einführung der Rentenmark die Stabilisierung der Währung und eine allmähliche Beruhigung der allgemeinen Lage.

Bei anhaltender drückender Wohnungsnot hatte es Anfang der 1920er-Jahre zwischenzeitlich für die demobilisierten Soldaten und die aus den Rüstungsbetrieben entlassenen Arbeiter kurzzeitig einen Lichtblick gegeben, weil eine Anzahl Werke erfolgreich zu ihren alten Produktionslinien zurückgekehrt waren, sodass im Dezember 1921 von Vollbeschäftigung gesprochen werden konnte. Auch die öffentliche Hand hatte versucht, mit drei größeren Bauprojekten auf die Arbeitslosigkeit zu reagieren: Schleuse Anderten (1918/28), Stadion der Stadt Hannover als erstes städtisches Stadion in Deutschland (1921/22), Seelhorster Friedhof mit Krematorium (1919/24).

Daneben breitete sich allerdings eine nachkriegstypische Kriminalität aus, wofür Hannover als Verkehrskreuz ein beliebter Ort war. Theodor Lessing, Professor für Philosophie und Pädagogik am der TH und Feuilletonist hat die Zustände geschildert.

Einige andere Ereignisse des verhängnisvollen Jahres 1923 warfen lange Schatten. Am 1. Mai wurden zum ersten Mal

ZEITZEUGE

ZENTREN DER SITTENLOSIGKEIT

»An drei Stellen der Stadt erhob sich ein Gauner-, Hehler- und Prostituiertenmarkt ohnegleichen, dessen die Behörden nicht mehr Herr wurden. Zunächst im Bahnhof und auf den ihn umgebenden Plätzen [...] Hier versammelten sich allnächtlich in den Wartesälen viele Obdachlose, Arbeitslose, Hungrige und Entgleiste [...] Zwischen dem alten berühmten Hoftheater und den schönen Gartenanlagen des sogenannten Café Kröpcke befand sich um 1918 ein zweites Zentrum der Sittenlosigkeit: der »Markt der männlichen Prostituierten«[...]. Aber das dritte Hauptzentrum allen Luder- und Lasterlebens war die malerische Altstadt, dort, wo der Fluß an dem sogenannten hohen Ufer entlang eine von vielen Brücken überquerte, als »Klein-Venedig« bekannte, uralte Inselstadt bildete [...] In diesem schmutzigen Häusergewirre [...], hausten in Deutschlands Elendszeit die Ärmsten der Armen.«

(Th. Lessing, Haarmann, S. 13–17)

Plakate für die Maifeiern mit Hakenkreuzen beschmiert. Am 16. November bejubelten 200 von der Polizei geschützte NSDAP-Mitglieder auf der Georgstraße mit Hochrufen den eine Woche zuvor von Hitler und Ludendorff angeführten, von der Polizei auseinandergetriebenen Marsch zur Feldherrnhalle in München. Denn auch in Hannover gab es seit Sommer 1921 eine NSDAP-Gruppe, die 25. im Reich und 9. außerhalb Bayerns.

Die Wogen schlagen hoch: Die Jahre 1924 bis 1926

Nicht genug, dass 1923 ein katastrophales Jahr gewesen war. Einige Ereignisse der drei folgenden Jahre führten unter den Hannoveranern zu tiefgreifenden Auseinandersetzungen. Die für die Sozialdemokraten verheerend ausgefallene Kommunalwahl 1924 kostete ihren Oberbürgermeister das Amt. Die erfolgreichen bürgerlichen Parteien wählten ihn ab und setzten an seine Stelle, angeführt von Tramm, dessen politischen Ziehsohn Dr. Arthur Menge aus den Reihen der DHP. Für Menge gestimmt hatten auch die drei Bürgervorsteher der Deutsch-Völkischen Partei (NSDAP). Mit Menge stand ab 15. August 1925 zwar ein ausgezeichneter Verwaltungsfachmann an der Spitze der Stadt, der aber im Gegensatz zu Leinert und darin Tramm ähnlich, kein großer Freund des Parlamentarismus im BVK war.

1924 hatte vor allem die Festnahme des Massenmörders Fritz Haarmann die Hannoveraner aufs Höchste erregt. Über diesen spektakulärsten Fall der Kriminalgeschichte der Weimarer Republik, der noch heute am Image Hannovers klebt, hatte Theodor Lessing als Gerichtsreporter mit Kritik an Polizei und Gesellschaft für das Prager Tagblatt berichtet und seine Sicht dieses Verbrechens Anfang 1925, nach Verurteilung und Hinrichtung des Massenmörders, in seinem Buch »Haarmann. Die Geschichte eines Werwolfs« veröffentlicht. Die dadurch bereits aufgeladene Stimmung steigerte sich, als Lessings Kritik an Hindenburg bekannt wurde. Denn am 26. April 1925, dem Tag der Reichspräsidentenwahl, brachte der »Hannoversche Kurier« unter der Überschrift »Schmähungen über Hindenburg. Der Auslandsartikel eines hannoverschen Einwohners« die gekürzte Fassung eines von Lessing für das Prager Tagblatt geschriebenen Artikels. Darin hatte Lessing dargelegt, dass und warum er Hindenburg in dem hohen Amt geistig für überfordert hielt und sein Psychogramm des Soldaten mit den prophetischen Worten geschlossen:

ZEITZEUGE ///

LESSING ÜBER HINDENBURG

»Nach Plato sollen die Philosophen Führer der Völker sein. Ein Philosoph würde mit Hindenburg nun eben nicht den Thronstuhl besteigen. Nur ein repräsentatives Symbol, ein Fragezeichen, ein Zero. Man kann sagen: besser ein Zero als ein Nero. Leider zeigt die Geschichte, dass hinter einem Zero immer ein künftiger Nero verborgen steht.«

(Lessing, Hindenburg, S. 23)

Aufgrund dieser Schmähung des von weiten bürgerlichen Kreisen als Ersatzkaiser verehrten alten Feldmarschalls und hannoverschen Ehrenbürgers brach der Aufruhr gegen den Juden und Sozialdemokraten Lessing mit aller Schärfe los, in dem sich Professoren und Studenten der TH und die bürgerliche Magistratsmehrheit keine Zurückhaltung auferlegten. Erst als der preußische Kultusminister am 20. Juni 1926 Lessing von seinen Lehrverpflichtungen entband und ihn auf einen Forschungsauftrag abschob, begannen sich die Gemüter allmählich zu beruhigen. Theodor Lessing wurde am 30. August 1933 von gedungenen Nazi-Schergen in seinem Exil in Marienbad ermordet.

Kaum hatten sich die Wogen im Fall Lessing etwas geglättet, als ein Ungemach anderer Art über die Stadt hereinbrach. Im August 1926 wurden Typhuserkrankungen bekannt. Als die vom Magistrat lange heruntergespielte Epidemie, deren Ursache im veralteten Wasserwerk Ricklingen lag, im Dezember ausklang, war von 2500 Krankheitsfällen und 282 Toten die Rede.

Es gab aber auch einige erfreulichere Ereignisse in der Mitte dieses geplagten Jahrzehnts: Die Katholische Kirche feierte vom 30. August bis 2. September 1924 in der »Stadt Ludwig Windthorsts« unter der Losung »Höret auf die Kirche« ihren ersten Katholikentag in der Diaspora. Die zentrale Messe wurde vom damaligen Nuntius Eugenio Pacelli, dem späteren Papst Pius XII., auf dem Schützenplatz zelebriert. Im Jahr darauf führte die Evangelisch-lutherische Landeskirche, die sich nach Auflösung des Bündnisses zwischen Thron und Altar hatte neu orientieren müssen, mit dem bisherigen Generalsuperintendenten von Stade, D. August Marahrens ihren ersten Landesbischof in der Marktkirche in sein Amt ein. Damit wurde diese Bürgerkirche des 14. Jahrhunderts am 28. Juni 1925 auch zur Bischofskirche und Hannover zur Bischofsstadt.

Die Goldenen Zwanziger

Kunst und Museen

Parallel zum Ablauf der geschilderten Ereignisse begann jenes halbe Jahrzehnt zwischen 1924 und 1929, von dem als von den Goldenen Zwanzigern geschwärmt wird. Golden, weil neben dem weiter gepflegten Bewährten im Kulturellen viel Neues in Erscheinung trat. Dafür sorgte neben anderen vor allem der Allround-Künstler Kurt Schwitters. Sein künstlerisches Konzept stellte er unter das aus »Kommerz« entnommene Motto MERZ. Mit seinen Materialmontagen und Collagen wurde er zu einem herausragenden Vertreter der internationalen Dada-Bewegung. Als bedeutendstes seiner MERZ-Werke gilt sein ab 1923 in acht Räumen seines Elternhauses in Hannover-Waldhausen gestalteter Merzbau, der 1943 bei einem Bombenangriff zerstört und 1984 im Sprengel-Museum rekonstruiert wurde. Schwitters gilt als bedeutendster Künstler Hannovers im 20. Jahrhundert.

Neben Schwitters gelang es Alexander Dorner, von 1923 bis 1937 Leiter der Kunstsammlung des Provinzialmuseums, die Aufmerksamkeit der Kunstwelt auf Hannover zu lenken. Seiner Auffassung entsprechend, dass Museen in erster Linie Mittler zwischen Kunst und Rezeption sein sollten, ordnete er die Gemäldegalerie in einem museumspädagogischen Ansatz entwicklungsgeschichtlich vom Mittelalter bis zur Gegenwart. Aufsehen erregte das von ihm gestaltete Kabinett der Abstrakten, dem Entwürfe des seit 1922 in Hannover arbeitenden russischen Künstlers El Lissitzky zugrunde lagen. In diesem Kabinett hatte Dorner sowohl Bilder als auch Plastiken ausschließlich der Moderne zusammengefasst und damit national wie international absolutes Neuland betreten.

Theater

Die Entwicklung von Oper und Schauspiel, die sich aufgrund des Theatervertrages mit dem Preußischen Staat seit 1921 in den Händen der Stadt befanden, die 1923 auch die Schauburg erworben und mit der Oper zu den Städtischen Bühnen Hannover vereinigt hatte, war durchaus Schwankungen unterworfen. Bis zu seinem Fortgang 1923 hatte sich Kapellmeister Richard Lert in der Oper, wie im Ballett mit dem Ballettmeister Max Terpis, verstärkt modernen Kompositionen zugewandt, aber auch, zusammen mit seinem Oberspielleiter Hans Niedecken-Gebhardt, die Händel-Renaissance eingeleitet. 1924 begann unter dem als Generalmusikdirektor aus Berlin berufenen Rudolf Krasselt eine fast zwei Jahrzehnte währende künstlerisch herausragende Phase des Opernbetriebes. Im Schauspiel hatte dessen Direktor Dr. Rolf Roennecke wiederholt moderne Stücke auf den Spielplan gesetzt, die von den Stadtoberen nicht gerade geliebt wurden, weshalb sie 1926 seinen Vertrag nicht verlängerten. Als Nachfolger verpflichtete die Stadt Dr. Georg Altmann, »der zwar keinen großen Namen haben, aber doch sachkundig sein und eine nicht allzu moderne Richtung verfolgen sollte.« Aufgrund dieser künstlerischen Hypothek hagelte es schnell Kritik von links wie von rechts, vor allem von den Nazis, die nach der Entlassung des Juden Altmann schrien. Erst nach der Machtergreifung sah sich Menge nicht mehr in der Lage, seine schützende Hand über den von ihm geschätzten Altmann zu halten. Er musste ihn entlassen.

Kino, Radio und Sonntagsvergnügen

Seit 1896 der erste Film in Hannover über die Leinwand geflimmert war, fand das neue Unterhaltungsmedium schnell wachsende Zuschauerzahlen. In den 1930er-Jahren erreichte die Stadt mit 32 Lichtspielhäusern, darunter sieben Premierenkinos, den Status einer Kinometropole. Seit 1900 baute Carl Buderus Vor-

Feierlichkeiten zum zehnjährigen Bestehen der Radio-Apparate-Fabrik OWIN. – Fotografie, 1934.

führapparate und drehte eigene Filme, 1919 begann die Döring-Film Kultur-, Lehr- und Werbefilme zu drehen.

Fast drei Jahrzehnte jünger als das Kino ist das Rundfunkhören. In Hannover nahm der Nebensender der Nordischen Rundfunk AG (Norag) am 16. Dezember 1924 seinen Sendebetrieb im Dachgeschoss des Hanomag-Verwaltungsgebäudes auf. Im folgenden Jahr gab es bereits 26 905 Radiohörer. Für das Radiohören sorgte die von 1924 bis 1936 in Hannover Geräte produzierende Firma OWIN, die nach der Machtübernahme, wie andere Fabriken auch, zwangsweise zur Herstellung des Volksempfängers V 301 herangezogen wurde. Der Nebensender Hannover schrieb 1925 Rundfunkgeschichte mit seiner Direktübertragung der Walpurgisfeier auf dem Brocken – die als die erste europäische Rundfunk-Originalreportage gilt –, mit seinen ab 1929 ausgestrahlten Spinnstubenabenden und den ab 1932 über alle deutschen Sender gehenden Schlosskonzerten unter Leitung von Otto Ebel von Sosen.

Achtstundentag und Kommerzialisierung der Freizeitangebote trugen wesentlich dazu bei, dass die Hannoveraner sonntags aus den grauen Mauern ins Grüne zogen. Garten- und Waldwirtschaften, alle mit der Elektrischen zu erreichen, gab es in Hülle und Fülle. In manchen wurde wie in innerstädtischen Etablissements zu modernen Tänzen aufgespielt. Eine Attraktion war seit dem 19. Jahrhundert das Tivoli, ein Varieté von internationalem Ruf, in dem weltbekannte Künstler und Artisten auftraten: der Jongleur Rastelli, Clown Grock, die drei Rivels, aber auch Otto Reutter und Kurt Schwitters, der hier seine erste MERZ-Matinee veranstaltete.

HINTERGRUND ////

SPORT

Zum Sonntagsvergnügen gehörte auch der Sport, inzwischen mit vielfältigen Sparten in einer großen Anzahl von Vereinen vertreten, darunter renommierte Turnvereine wie der Männerturnverein von 1848, der Turn-Klubb Hannover (TKH) und als ältester deutscher Rasensportverein Hannover 78, der zur Pflege des Rugby-Spieles für ältere Schüler als Deutscher Fußball-Verein Hannover 1878 gegründet wurde und viele Nachfolger fand. Doch die größte Attraktion für den Zuschauersport waren die seit 1924 stattfindenden Eilenriederennen für Motorräder, die bis 1955 – mit Unterbrechungen – riesige Zuschauermassen anzogen.

Krise der hannoverschen Wirtschaft

Die hannoversche Wirtschaft hatte sich von der Inflation einigermaßen erholt und Umsatzsteigerungen verzeichnen können, die vielfach auf Rationalisierung und Modernisierung der Produktionsverfahren beruhten oder auch durch Firmenzusammenschlüsse erreicht wurden. Die »Hanomag« führte 1924 als eine der ersten deutschen Firmen, dem Beispiel Fords folgend, beim Bau des Kleinwagens, auch »Hanomag-Kommissbrot« genannt und im Lindener Volksmund mit dem Vers »Zwei Pfund Eisen, ein Pfund Lack, fertig ist der Hanomag« verspottet, die Montage am Fließband ein. Bei der »Conti« liefen normierte und exakt getaktete Arbeitsvorgänge

„Zwei Pfund Eisen, ein Pfund Lack, fertig ist der Hanomag“: Fließband-Produktion des Kleinwagens mit dem Spitznamen „Kommissbrot“. – Fotografie, 1926.

im so genannten Bedeaux-System. Zugleich suchten verschiedene Unternehmen ihr Heil in Fusionen. Bau- und Baunebengewerbe kamen wieder in Gang, nachdem der neue Stadtbaurat Karl Elkart sein erstes Wohnungsbauprogramm hatte anlaufen lassen.

Was erreicht worden war, fiel weitgehend in sich zusammen, als in Hannover die Weltwirtschaftskrise zwischen Anfang 1931 und Herbst 1932 ihren Höhepunkt erreichte. Conti, Hackethal, Döhrener Wolle, Körting, Lindener Stahlwerke, HAWA, Mechanische Weberei oder die Hanomag, die 1931 nach der 10 765. Lokomotive diese Produktionssparte verkaufte, mussten den größten Teil ihrer Beschäftigten entlassen, Vergleichsantrag stellen oder gar schließen. Die Zahl der Beschäftigungslosen im Arbeitsamtsbezirk Hannover erhöhte sich bis Ende 1932 auf 55 586. Entsprechend stiegen die Sozialausgaben der Stadt, von 19 % im Jahre 1925 auf 44,65 % im städtischen Haushalt für 1933. Effektive städtische Arbeitsförderungsmaßnahmen wurden nicht aufgelegt. Und die im Herbst 1932 beschlossene Arbeitsbeschaffungsmaßnahme »Anlegung des Maschsees« wurde erst 1934 wirksam.

Die Aushöhlung des Parlamentarismus auf dem Rathaus

Bevor die Weltwirtschaftskrise einsetzte, hatte die SPD in den Kommunalwahlen 1929 mit 48,6 % der Stimmen die absolute Mehrheit erlangt. Dennoch verstand es Oberbürgermeister Menge, ihre Ansprüche auf die Besetzung vakanter Senatorenstellen mit allen Mitteln abzuwehren und der SPD in diesem Senatorenstreit eine empfindliche Niederlage beizubringen. Die eigentliche Desavuierung der Rechte des BVK setzte ein, als der Magistrat versuchte, seine finanz- und steuerpolitischen Vorhaben mit Notverordnungen durchzusetzen und es nicht ungern sah, dass sich die Aufsichtsbehörde mit Hilfe von Staatskommissaren dieser Aufgabe annahm. Nachdem zwischen März 1931 und März 1932 keine gemeinsame Sitzung von Magistrat und BVK stattgefunden hatte, war nicht mehr zu übersehen, dass es um die kommunale Selbstverwaltung und den Parlamentarismus auf dem hannoverschen Rathaus bereits vor der Machtübernahme schlecht bestellt war.

Hannover unterm Hakenkreuz

»Säubert die Rathäuser!«

Bei den Reichstagswahlen am 5. März 1933 stimmten in Hannover 42 % für die NSDAP. Bei den mit dem Schlachtruf »Säubert die Rathäuser!« geführten Bürgervorsteherwahlen erreichten die Nazis am 12 März 41,9 %. Als Sitzverteilung im BVK ergab sich: NSDAP 32 Sitze, SPD 25, Kampffront Schwarz-Weiß-Rot 6, KPD 5, DHP 4, Zentrum 3. Ende Juni waren die Linksparteien verboten und die letzten Bürgervorsteher der Rechtsparteien zur NSDAP übergetreten. Damit war das BVK gleichgeschaltet.

Im Unterschied zum BVK konnte sich der Magistrat einer erstaunlichen personellen Kontinuität erfreuen. Allen voran blieb – wie in sieben anderen Städten – der Oberbürgermeister im Amt, und dies, obwohl Menge der Partei nicht angehörte.

Einzug der NSDAP-Bürgervorsteher in das Neue Rathaus. – Fotografie, 6. April 1933.

Einerseits war er für die Nazis akzeptabel, weil er als Führernatur ausgewiesen und kein Freund des Parlamentarismus war. Andrerseits unterlag er – und hierin Ernst Jünger, Gottfried Benn und anderen vergleichbar – offenbar einer katastrophalen Fehleinschätzung des Nationalsozialismus. Als einzigen NS-Politiker berief Menge den »alten Kämpfer« Heinrich Müller als Bürgermeister in den Magistrat. In der Stadtverwaltung wurden mit Senator Georg Lindemann 192 Beschäftigte entlassen und 800 auf Druck der Nazis eingestellt, allerdings nur in unteren Rängen. Danach konnte von einer radikalen Machtübernahme auf dem Rathaus nicht eigentlich die Rede sein. Hingegen wurden die höheren staatlichen Stellen in der Stadt sofort nach der Machtübernahme umbesetzt.

Die 1935 erlassene Deutsche Gemeindeordnung (DGO) schien mit der Einführung des Führerprinzips zwar wie auf Menge zugeschnitten. Da jetzt aber zugleich auch Gremien der NSDAP in die Kommunalpolitik eingreifen konnten, wurde sie ihm zum Verhängnis. Denn wiederholt hatte er das Führerprinzip genüsslich gegen den mit der Kommunalaufsicht von der Partei beauftragten stellvertretenden Gauleiter Kurt Schmalz ausgespielt. So wurde er, statt aufgrund seiner erfolgreichen Arbeit wiedergewählt zu werden, 1937 unter unwürdigen Umständen des Rathauses verwiesen.

Gleichschaltung

Wie das BVK waren – abgesehen von den Bürgervereinen, der heimlichen Hausmacht Menges, die sich bis 1936 zu widersetzen suchten – im Sommer 1933 alle Vereine von den Schützen- über die Sport- bis zu den Kulturvereinen unter Einführung des Führerprinzips gleichgeschaltet worden. Das spektakulärste Ereignis dieser Art war die im September des Jahres mit einem großen Treffen des »Stahlhelm, Bund der Frontsoldaten« auf den Maschwiesen in Gegenwart Hitlers vorbereitete Eingliederung des Stahlhelms in die SA.

Für gefährlicher als die Vereine hielt das junge NS-Regime natürlich die Tageszeitungen. So gerieten auch die Anfang

1933 in Hannover erscheinenden neun Blätter, von denen sieben parteipolitisch ausgerichtet waren, schnell in die Schusslinie der NSDAP. Nachdem »Volkswille« (SPD) und »Neue Arbeiterzeitung« (KPD) ihr Erscheinen bereits im Februar hatten einstellen müssen, wurden die anderen, allen voran der mit 126 000 Exemplaren auflagenstärkste »Hannoversche Anzeiger«, auf eine der NSDAP konforme Linie gebracht oder stellten ihr Erscheinen ein. Die »Hannoversche Landeszeitung« (DHP) hatte vorsichtige Kritik geübt an der von Studenten der TH am 10. Mai im Rahmen der allgemeinen Kampagne »Wider den undeutschen Geist« an der Bismarcksäule in der Masch inszenierten barbarischen Bücherverbrennung und wurde – wie der »Anzeiger« wegen der Partei nicht genehmer Anzeigen – kurzzeitig verboten.

Die Anfang der 1940er-Jahre erfolgenden Fusionen der auflagenstärksten Blätter waren teils betriebswirtschaftlich, teils durch die im Verlauf des Krieges um sich greifende Papierknappheit bedingt. »Hannoversches Tageblatt« und »Hannoverscher Kurier« fusionierten 1940. Der »Anzeiger« wurde 1943 mit der NTZ, dem Blatt der Nazis, zur »Hannoverschen Zeitung« zwangsfusioniert, der sich im folgenden Jahr auch Tageblatt/Kurier anschließen musste.

Widerstand

Die organisierten Widerstandsaktivitäten der beiden Linksparteien, darunter als wichtigste, jene der SPD nahestehende Sozialistische Front, wurden bereits bis 1936 weitgehend zerschlagen. Es blieb jedoch eine verzweigte Untergrundbewegung um den Gewerkschafter und Sozialdemokraten Albin Karl, die durch Verbindungsleute Kontakte zu Bereichen des öffentlichen Dienstes und zu den verbotenen Parteien hielt. Ähnlich verhielten sich die Männer des bürgerlichen Widerstandes, darunter Franz Henkel von der DDP und Dr. Bernhard Pfad von der Zentrumspartei. Daneben gab es eine lose, von Rechtskonservativen bis zu rechten Sozialdemokraten reichende informelle, oppositionelle Gruppe um den ehemaligen Oberbürgermeister Menge, der 1944 zum weiteren Kreis der Männer des 20. Juli gehörte.

Im Bereich der beiden großen Konfessionen ließen in Hannover nur wenige Geistliche eine oppositionelle Haltung erkennen. Der Leitung der Evangelisch-lutherischen Landeskirche ging es unter ihrem Landesbischof Marahrens in erster Linie um einen innerkirchlichen Widerstand gegen die von den Nazis gestützten Deutschen Christen (DC), die jedoch bis Mitte der 1930er-Jahre ihren Zenit überschritten hatten. In der Katholischen Kirche konnte nach Abschluss des Reichskonkordats am 20. Juli 1933 von einer erkennbaren staatsfeindlichen Gesinnung in deren höheren geistlichen Rängen kaum die Rede sein.

Kultur, Sport, Kleingärten

Wie die schon genannten Bereiche machte sich die Partei auch das kulturelle Leben gefügig und setzte erneut mit aller Schärfe an, seitdem der radikale Lauterbacher als Gauleiter und Oberpräsident amtierte. Altmanns Nachfolger als Schauspieldirektor, Alfons Pape, der zwar erklärt hatte, im nationalen Sinn arbeiten zu wollen, wurde 1943 letztlich wegen seiner im Vorjahr von den Nazis abgesetzten Inszenierung von Schillers Wilhelm Tell entlassen. Auch Opernintendant und Generalmusikdirektor Rudolf Krasselt, der einen reichhaltigen Spielplan mit qualitätvollen Aufführungen geboten hatte, musste als Opernintendant dem Nationalsozialisten Gustav Rudolf Sellner weichen. Im Übrigen war die Aufführung der Walküre am 11. Juli 1943, dem letzten Tag der Spielzeit, nicht nur Krasselts Abschiedsvorstellung; sie war auch die letzte Aufführung im alten Lavesbau, der am 26. Juli 1943 völlig ausbrannte. Am 8./9. Oktober wurde auch die Schauburg zerstört. Zum 1. September 1944 durften sich auf Anordnung von Goebbels auch in den Ausweichspielstätten die Vorhänge nicht mehr heben.

Erhebliche Eingriffe erfuhren die hannoverschen Museen. Das Vaterländische Museum geriet, nicht ohne Zutun seines Direktors Wilhelm Peßler, in den Sog der von den Nazis unter dem Motto »Blut und Boden, Brauchtum und Sippe« bevorzugten Bauern- und Volkstumsforschung. Im Luftkrieg verlor es die 1935 im Leineschloss eröffnete Heeresgedenkstätte sowie die im Alten Palais untergebrachten stadtgeschichtlichen Bestände. Erst jetzt durfte ausgelagert werden, so dass sich die Luftkriegsverluste der anderen Museen in Grenzen hielten. Im Kestner-Museum wurde 1937 Direktor Dr. Carl Küthmann entlassen, weil er mit einer jüdischen Frau verheiratet war. Im Niedersächsischen Landesmuseum legte Alexander Dorner, der verschiedenen Angriffen ausgesetzt war, im Februar 1937 die Leitung der Galerie nieder. Seine Nachfolge, wie die Küthmanns, trat Dr. Ferdinand Stuttmann an. Gewaltige Verluste erlitt die Galerie im Zuge der reichsweiten Aktion »Entartete Kunst«, der 278 Werke zum Opfer fielen. Mit dem 1937 eröffneten Logenmuseum, das die Logen als Feinde der Volksgemeinschaft diffamierte und dem Parteimuseum von 1939, das erste und einzige seiner Art in Deutschland, verwirklichten die Nazis ihre eigenen, den Bombenhagel allerdings nicht überlebenden Museumsvorstellungen.

Während der Kunstverein unter Leitung von Oberbürgermeister Menge ohne lange zu zögern auf die NS-Kulturpolitik und das Führerprinzip einschwenkte, erwies sich die Kestner-Gesellschaft trotz der erzwungenen Entlassung ihres jüdischen Geschäftsführers Dr. Justus Bier einige Jahre renitent. Unter dem Vorsitz von Fritz Beindorff (Pelikan) entschloss sich der Vorstand 1936, die Tätigkeit der Gesellschaft einzustellen, »solange sie noch einen guten Ruf hat, und nicht zu warten, bis sie langsam Stück für Stück abgewürgt wird.« (Stadtlexikon, S. 346)

Im Sport setzte die NS-Ideologie eindeutig auf Volksertüchtigung und Wehrhaftigkeit. Der Arbeitersport und der jüdische Sport wurden zerschlagen. Stärker blieb im Gedächtnis, dass Hannover 96 mit einem 4:3 Sieg über Schalke 1938 die deutsche Fußballmeisterschaft errang. Äußerst suspekt waren den Nazis die Kleingärtner, deren es in Hannover 1928 etwa 11 000 gab.

Nach Meinung der NTZ vom 26. Juli 1933 »waren die Kleingartenkolonien zu einer Brutstätte für den zerschlagenen

Marxismus mehr denn je geworden, waren Zufluchtsstätte geworden für viele, die gegen das neue Deutschland im Geheimen wühlten, die dort ihr volkszerstörendes Gift vor den Augen der Polizei verbergen.«

Stadtplanung und Wohnungsbau

Die Kleingärten, die sich seit 1885 von Linden aus um die gesamte Stadt herum ausgebreitet hatten, gehörten zum festen Bestandteil der Großstadt im Grünen, auf die noch zurückzukommen ist. Doch zunächst war es Aufgabe des 1925 als Stadtbaurat berufenen Karl Elkart, zur dringenden Beseitigung des riesigen Wohnungsdefizits den Wohnungsbau wieder in Gang zu bringen. Dabei setzte Elkart nicht wie sein Vorgänger Paul Wolf auf Kleinhaussiedlungen am Stadtrand, sondern folgte von Anfang an zur Errichtung von Mietshäusern ganz pragmatischen Überlegungen.

»Um die Kosten für eine aufwändige Erschließung der Baugrundstücke – bei der Garten- bzw. Trabantenstadt unvermeidlich – entscheidend zu senken, sah Elkarts Bebauungsplan vor, den sternförmig vom Zentrum ausstrahlenden, von vornherein eine gute Verkehrsanbindung garantierenden Hauptausfallstraßen zu folgen und hier die bereits vorhandene Bebauung durch die vorrangige Errichtung von mehrgeschossigen Mietshäusern zu verdichten bzw. fortzusetzen.« (Stadtgesch. II, S. 486)

Nach diesen Planungen entstanden seit Ende der 1920er-Jahre an den Vier Grenzen der Listhof, weiter östlich die Siedlung »Im Kreuzkamp« und rechts der Podbielskistraße die Liststadt sowie vergleichbare Komplexe in der Südstadt, in Ricklingen und anderen Stadtteilen. Auf diese Weise waren zwischen 1926 und 1939 für 30 % der Stadtbewohner neue Wohnungen erstellt worden. Das Erscheinungsbild dieser Wohnbauten verstand Elkart aus dem ideologischen Streit zwischen den Verteidigern des bodenständigen Klinkerbaus und den Anhängern der internationalen weißen Architektur herauszuhalten. »Die pragmatische Ausrichtung hannoverscher

Stadtbaurat Karl Elkart präsentiert das Modell für die Neugestaltung der Stadt: erste Reihe v. l.: 2. Gauleiter Hartmann Lauterbacher, 3. „Stellvertreter des Führers" Rudolf Hess, 5. Elkart, 6. Oberbürgermeister Henricus Haltenhoff. – Fotografie, 1941.

Baupolitik erlaubte ein freies Nebeneinander von flachen und steilen Dächern, von Klinker- und Putzbauten«. (Hannover im 20. Jh., S. 99) Als Besonderheit des Wohnungsbaus der Jahre um 1930 gelten die aus Einfamilienhäusern in Klinkerbauweise bestehende Gartenstadt Kleefeld sowie die gleichzeitigen, städtebauliche Akzente setzenden ersten Hochhäuser: Anzeiger-Hochhaus, Capitolhochhaus, Wohnhochhaus am Geibelplatz, Stadtbibliothek mit ihrem Bücherturm und die Pädagogische Hochschule mit ihrem Musikturm.

Der Wohnungsbau musste nach Wiedereinführung der Wehrpflicht und dem Aufbau der Wehrmacht zugunsten des Baus von Kasernen eingeschränkt, mit dem Inkrafttreten des zweiten Vierjahresplanes weitestgehend eingeschränkt werden. Zwischen 1936 und 1939 entstanden dann fünf große Kasernenkomplexe an der Hans-Böckler-Allee sowie im Raum Bothfeld-Vahrenwald. Ein anderes Bauvorhaben diente der Gesundung der Altstadt, kam zwischen 1937 und 1939, kriegsbedingt, jedoch nicht über das Viertel Ballhof-Kreuzkirche hinaus, das erstaunlicherweise den Luftkrieg überstand. Der ebenfalls sanierte und um einen Anbau erweiterte Ballhof wurde am 2. Juli 1939 der HJ übergeben. Acht Wochen später brach der Zweite Weltkrieg aus, der die Gesundung der Altstadt auf grausame Weise zu Ende führte.

Ein typisches NS-Projekt blieb ebenfalls in den Anfängen stecken: die per Führererlass genehmigte Neugestaltung der Stadt nach den Richtlinien der Baugesinnung des Dritten Reiches. Die weitgehend von Elkart zunächst für die Umgebung des gleichzeitig zu vergrößernden Maschsees entworfenen Planungen wurden 1942 angesichts des anhaltenden Krieges und der zunehmenden Luftangriffe eingestellt.

BIOGRAFIE ////

KARL ELKART

Karl Elkart war ein erfolgreicher und bedeutender Stadtbaurat, dessen überzeugende Planungen und Stadtgestaltungsvorstellungen Hannover in vielen Stadtteilen – hauptsächlich im Wohnungsbau und Grünbereich – nachhaltig geprägt haben. Allerdings verfing sich Elkart aufgrund seines Amtes auf örtlicher Ebene in Untaten des NS-Regimes, sei es mit der Beschäftigung von Zwangarbeitern und Kriegsgefangenen oder bei der Arisierung.

Die Großstadt im Grünen

Integrierter Bestandteil von Elkarts Stadtplanung waren die Grünanlagen. Zwischen 1934 und 1936 wurde nach jahrzehntelangen Diskussionen, der seit Mitte der 1920er-Jahre vorliegenden Machbarkeitsstudie von Professor Otto Franzius und dem Beschluss des BVK im Oktober 1932 der Maschsee angelegt. Die Ausführungsplanung lag in der Hand von Elkart, die Bauleitung bei Oberbaurat Dr.-Ing. Karl Schwien.

Im Rahmen von Arbeitsbeschaffungsmaßnahmen und produktiver Wohlfahrtsfürsorge waren hier fast zwei Jahre hindurch 1650 Arbeitslose – und keineswegs der Reichsarbeitsdienst oder gar Zwangsarbeiter, wie gelegentlich kolportiert wird – bei der Aushebung des Seebeckens eingesetzt. Am 21. Mai 1936 konnte der 78 ha große See eingeweiht werden, eine

Der Große Garten nach seiner Wiederherstellung. – Fotografie, 1940.

»Gemeinschaftsarbeit verschiedener Zweige der Stadtverwaltung«, wie der inmitten der Uniformträger in Gehrock und Zylinder auftretende Oberbürgermeister Menge den NS-Interpretationen entgegenhielt, die das gelungene Werk der Partei und dem Führer gutschrieben .

Kaum war der Maschsee eingeweiht, ohne dass alle Bauten und die Kunst am See fertig gestellt gewesen wären, hatte es die Stadt, unterstützt von vielen Bürgern, dem Heimatbund Niedersachsen und dem Gartenbauverein der Hauptstadt Hannover, geschafft, den mittlerweile arg verfallenen Großen Garten vom Herzog von Braunschweig zu erwerben. Innerhalb nur eines Jahres gelang es der städtischen Gartendirektion unter Leitung von Gartendirektor Hermann Wernicke, den Garten nach damaligen gartenkünstlerischen Vorstellungen vom Aussehen eines Barockgartens wiederherzustellen. Doch die Freude über die wiedererstandene barocke Anlage, gesteigert durch Illuminationen, Musik-, Ballet- und Schauspielaufführungen im Gartentheater, währte nicht lange. Zwischen Herbst 1942 und Kriegsende fielen 2500 Bomben in den Garten. Das Schloss brannte nieder.

Parallel zur Rettung des Großen Gartens nahm eine bereits um 1900 aufgekommene Idee Gestalt an: die Schaffung einer Grünverbindung vom Tiergarten zur Eilenriede. Zwischen 1936 und 1939 wurde der seit 1939 so genannte Hermann-Löns-Park als niedersächsische Kulturlandschaft mit bodenständiger Landschaftsgestaltung und Architektur von der Gartendirektion unter Wernicke geschaffen. Mit diesen drei bemerkenswerten Anlagen hatte die Stadt Hannover im Zusammenwirken von Oberbürgermeister Menge, Stadtbaurat Elkart und Gartendirektor Wernicke ihren Ruf als Großstadt im Grünen, der sie bereits 1927 eine umfangreiche Veröffentlichung gewidmet hatte, weitere Anziehungskraft verliehen.

Neues vom Verkehr

Infolge der zunehmenden Motorisierung begann bereits damals der Straßenverkehr den Stadtplanungen Sorgen zu bereiten. Zwar entfiel 1930 erst auf 36 Einwohner ein Kraftfahrzeug. Doch im folgenden Jahr musste am Kröpcke die erste elektrische Verkehrsampel aufgestellt werden. Denn hier kreuzten sich mehr als 15 Straßenbahnlinien und die Reichsstraßen 3 und 6 (heute Bundesstraßen), aber auch die anderen Überlandstraßen lenkten den Verkehr zum Kröpcke. Eine gewisse Entlastung dieses neuralgischen Verkehrskreuzes brachte die ab 14. November 1938 nach vierjähriger Bauzeit im Raum Hannover durchgehend von Berlin nach Köln befahrbare Reichsautobahn. Als Zubringerstraßen wurden Kölner-, Vahrenwalder- und Podbielskistraße ausgebaut.

Inzwischen hatte sich auch die Luftfahrt in Hannover etabliert. Auf der Vahrenwalder Heide hatte der städtische Angestellte Karl Jatho am 18. August 1903 – und damit vier Wochen vor den Brüdern Wright – mit seinem Motordrachenflieger seinen weltweit ersten Flug vorgeführt: Höhe 2 bis 3 m, Flugstrecke ca. 60 m. Die Vahrenwalder Heide entwickelte sich in den folgenden Jahrzehnten, nicht zuletzt auf Vorschlag Jathos und befördert durch flugtechnische Entwicklungen während des I. Weltkrieges, zum Standort des hannoverschen Luftverkehrs. Der erste Zeppelin, der Hannover im Rahmen des

FAHRTECHNISCHE EXPERIMENTE

Auf der Schiene erregten verschiedene fahrtechnische Experimente große Aufmerksamkeit. 1928 startete Fritz von Opel auf der Hasenbahn das welterste von Raketen getriebene Fahrzeug, das auf eine Höchstgeschwindigkeit von 254 km/h kam. Franz Kruckenberg experimentierte 1930 mit dem im Reichsbahnausbesserungswerk Leinhausen gebauten Schienenzeppelin, der sich aufgrund des von dem vierflügeligen Heckpropeller erzeugten gewaltigen Luftwirbels für den Eisenbahnverkehr jedoch nicht eignete. Als ebenfalls hannoversche Weltneuheit präsentierte der hiesige Ingenieur Johann Culemeyer 1933 seinen Tieflader (Culemeyer-Roller) zum Transport von Güterwaggons zu Firmen ohne Gleisanschluss.

vom »Hannoverschen Anzeiger« organisierten »Zeppelintages« ansteuerte, das Luftschiff »Viktoria Luise«, hatte am 7. Juli 1912 noch auf der Großen Bult niedergehen müssen. 1926 erhielt dann der Flugplatz Hannover-Vahrenwald die offizielle Zulassung. Die Stadt baute ihn zielstrebig aus und konnte 1935 das Flughafengebäude an der Stader Chaussee einweihen, zu dem für die damals noch relativ leichten Flugzeuge statt einer befestigten Rollbahn ein Grasrollfeld gehörte. Auch

Der Schienenzeppelin vor dem Hauptbahnhof. – Fotografie, 9. Juni 1931.

der im Zuge der Wiederaufrüstung ab 1935 angelegte und auf keiner Landkarte verzeichnete Militärflughafen Langenhagen-Evershorst verfügte nur über ein Grasrollfeld.

Wirtschaft im Zeichen von Aufrüstung und Krieg

Nach der Machtübernahme sorgte noch 1933 das Reichsgesetz zur Verminderung der Arbeitslosigkeit, das so genannte Reinhardt-Programm auch für die Förderung von Hoch- und Tiefbaumaßnahmen wie den Hochwasserschutz an Leine und Ihme und das Maschseeprojekt. Einen größeren Anschub erfuhr die hannoversche Wirtschaft, vor allem die Großindustrie, durch die Mitte der 1930er-Jahre verstärkt einsetzende Aufrüstung, verbunden mit einer Intensivierung der Produktionsprozesse. Die »Hanomag« entwickelte sich in kurzer Zeit zu Hannovers Waffenschmiede Nr. 1. Der Continental gelang es im Zuge des Strebens nach Autarkie den natürlichen Kautschuk durch synthetischen zu ersetzen und bereits 1936 als eine der ersten deutschen Reifenfirmen bei der Reifenherstellung Buna einzusetzen und im Februar 1939 das neue Reifenwerk, in der Bevölkerung allgemein »Buna« genannt, in Stöcken in Betrieb zu nehmen.

Autarkiebestrebungen führten 1936/37 auch zur Erweiterung der 1931 in Misburg gegründeten Erdölraffinerie »Deurag« (Deutsche Erdölraffinerie AG) um die in erster Linie Schmieröle für das Militär herstellende »Nerag« (Neue Erdölraffinerie AG). Ebenfalls zu den Rüstungsbetrieben gehörte die ab November 1940 in der Nähe der »Buna« produzierende AFA AG, Akkumulatorenfabrik AG, im Volksmund »Akku«, später unter dem Namen VARTA bekannt, die Starter- und Antriebsbatterien in ihrem Programm hatte und im Krieg verpflichtet wurde, auch Antriebsbatterien für U-Boote zu produzieren. Zu den weiteren größeren Rüstungsbetrieben zählten u. a.: Brinker Eisenwerke, Deutsche Edelstahlwerke in Linden, Maschinenfabrik Niedersachsen, Vereinigte Leichtmetallwerke in Ricklingen und Laatzen.

Die Ausweitung des Kriegsbedarfs führte dazu, dass 1944 in Hannover 85 Rüstungsbetriebe mit 68 143 Beschäftigten registriert waren.

Zwangsarbeiter und KZ-Häftlinge

Infolge zunehmender Einberufungen hatte sich der Mangel an deutschen Arbeitskräften bald nach Kriegsbeginn besonders in den Rüstungsbetrieben bemerkbar gemacht, so dass schon im September 1941 mehr als 40 % aller in der hannoverschen Rüstungsindustrie eingesetzten Arbeitskräfte Zwangsarbeiter waren. Deren Kontrolle oblag ab Sommer 1943 der in der Gartenbauschule Ahlem eingerichteten Gestapo-Außenstelle, die Zwangsarbeiter schon bei kleinsten Verfehlungen in das dortige Polizeiersatzgefängnis einlieferte. Exekutionen nahm die Gestapo in der früheren Laubhütte vor, in der die Juden ihr Erntedankfest gefeiert hatten. Noch im März 1945 wurde eine Anzahl Zwangsarbeiter erschossen.

Der schlimmsten Mordaktion der Gestapo fielen am 6. April auf dem Seelhorster Friedhof 154 sowjetische Zwangsarbeiter zum Opfer. Sofort nach Kriegsende mussten Parteimitglieder die nur notdürftig verscharrten Mordopfer exhumieren, auf Wagen laden, diese zum Nordufer des Maschsees begleiten und dort Gräber für sie ausheben. Auf Befehl des britischen Stadtkommandanten wurde hier ein Ehrenfriedhof angelegt, auf dem zahlreiche weitere Mordopfer bestattet wurden.

Ebenso menschenverachtend war der Umgang mit den Häftlingen, die seit Juli 1943 im Stadtgebiet in sieben Außenlagern des KZ Neuengamme interniert waren. Diese Außenlager bestanden bei der Akku, den Brinker Eisenwerken, der Conti in Stöcken und Limmer, bei der Hanomag auf dem Mühlenberg, bei den Asphaltgruben in Ahlem und der Deurag und Nerag in Misburg. Die dort menschenunwürdig untergebrachten Häftlinge waren noch stärker als die Zwangsarbeiter Brutalitäten und Schikanen ausgesetzt, die weiter verschärft wurden, als die Gehfähigen vor dem Herannahen der Alliierten auf den Marsch in das KZ Bergen-Belsen getrieben wurden. Wer nicht mehr laufen konnte, wurde auf dem Wege erschossen. Die kranken Häftlinge wurden in Eisenbahnwaggons gepfercht, bei Gardelegen in eine Scheune getrieben, die in Brand gesteckt wurde.

»Die Stadt judenfrei machen«

Seit der Machtübernahme sahen sich die Juden auch in Hannover einer beständig zunehmenden Verfolgung gegenüber. Nachdem schon Ende der 1920er- und Anfang der 1930er-Jahre die seit Jahrzehnten in der Stadt etablierten großen jüdischen Warenhäuser als Raubinstitute diffamiert worden waren, kam es am 1. April 1933 zum ersten großangelegten Boykott jüdischer Geschäfte, dem weitere folgten. Schließlich beklagte sich Oberbürgermeister Menge 1935, im Jahr der Nürnberger Gesetze, beim Regierungspräsidenten darüber, dass die Polizei bei solchen Vorfällen nicht einschritt.

Als im Oktober 1938 die seit 1905 zugewanderten so genannten Ostjuden ausgewiesen wurden, darunter auch 484 aus Hannover, zu denen die Familie Grünspan zählte, erschoss deren sich in Paris aufhaltender Sohn Herschel Grünspan aus Rache und Verzweiflung in der dortigen deutschen Botschaft den Legationsrat Ernst vom Rath. Die von Goebbels daraufhin sofort ausgerufene Racheaktion, die er als Empörung der Bevölkerung ausgab, wurde in Hannover hauptsächlich durch die SS gesteuert, die das Feuer in der Synagoge legte. Auf dem jüdischen Friedhof in Bothfeld wurde die Trauerhalle angezündet, Verhaftungen erfolgten, 27 jüdische Wohnungen und 94 Geschäfte wurden zerstört und geplündert, ohne dass die Schutzpolizei während dieser »Reichskristallnacht«, wie Goebbels diesen schaurigen Akt verniedlichend nannte, irgendwo in Erscheinung getreten wäre. Die Bevölkerung verharrte weitgehend passiv. Weder beteiligte sie sich an den Ausschreitungen noch zeigte sie irgendwelche Protesthaltungen.

Nach der Reichspogromnacht wurden 190 hannoversche Juden nach Buchenwald deportiert, darunter auch der Rechtsanwalt Dr. Horst Berkowitz, als Teilnehmer des I. Weltkrieges Träger des Goldenen Verwundetenabzeichens. Nach Eingreifen des ihm aus dem Krieg bekannten Feldmarschalls von Mackensen konnte er nach Hannover zurückkehren. In einem späteren Bericht schilderte Berkowitz die Torturen, denen er und andere ausgesetzt waren, schloss seine Aufzeichnungen aber fast versöhnlich: »[…] Man versprach mir, durch einen Vermerk in

Die brennende Synagoge in der so genannten „Reichskristallnacht". – 9./10.November 1938. Fotografie von Wilhelm Hauschild.

meinen Akten die Wiederholung solcher Dinge unmöglich zu machen, und tatsächlich habe ich dann in Hannover – wenn auch im Konzentrationslager Ahlem zur Arbeit eingesetzt – den Krieg überleben können. Ich möchte aber in Dankbarkeit mehrerer hannoverscher Bürger gedenken, die mich gelegentlich auf der Straße nach meiner Rückkehr aus Buchenwald ansprachen und mir ihr Bedauern über mein Schicksal aussprachen. Darunter war zum Beispiel ein Oberst in Pension, der mir erklärte, er schäme sich wegen der mir zugefügten Behandlung und der Vorgänge der ›Kristallnacht‹. [...]« (»Reichskristallnacht«, S. 130)

Seit September 1941 mussten die Juden den gelben Stern tragen, der sie deutlich sichtbar aus der Stadtgesellschaft, zu der sie doch gehörten, ausgrenzte. Kurz darauf wurden sie im Zuge der in Hannover nach dem neuen radikalen Gauleiter benannten Aktion Lauterbacher aus ihren Wohnungen vertrieben und in so genannten Judenhäusern unter unwürdigen Bedingungen, von Willküraktionen der Gestapo heimgesucht, zusammengepfercht. Das Zusammenwirken von Gauleitung, Gestapo, staatlichen und städtischen Stellen bei der Ghettoisierung der jüdischen Familien schaffte die Voraussetzungen für deren Deportation, die als »Endlösung der Judenfrage« auf der berüchtigten Wannsee-

Konferenz am 30. Januar 1942 beschlossen wurde. Bereits im Dezember 1941 waren von der Gartenbauschule Ahlem aus, deren Gärtnerhaus als Judenhaus diente, die ersten 1001 hannoverschen Juden nach Riga deportiert worden.

HINTERGRUND

DEPORTATIONEN

Aus Hannover und Umgebung wurden zwischen 1941 und 1945 in acht Transporten 2400 Juden in Ghettos und Vernichtungslager in den Osten verschleppt:

15.12.1941	1001	nach Riga
31.03.1942	500	nach Trawniki (Warschau)
23.07.1942	584	nach Theresienstadt
02.03.1943	38	nach Auschwitz
16.03.1943	31	nach Theresienstadt
30.06.1943	9	nach Theresienstadt
11.01.1944	17	nach Theresienstadt
20.02.1945	220	nach Theresienstadt

»Als am 10. April die amerikanischen Truppen Hannover besetzten, lebten hier nicht einmal 100 Juden, 100 von einstmals 6000 Juden, die früher die jüdische Gemeinde Hannover, eine der zehn größten im Deutschen Reich, gebildet hatten.«
(Stadtgesch. II., S. 561f.)

Wie die Juden wurden auch die Sinti und Roma sofort nach der Machtübernahme zu Opfern der rassistisch motivierten Verfolgung. Noch bevor in Hannover 1939, wie bei allen Kripo-Leitstellen innerhalb des Reiches, eine interne Dienststelle für Zigeunerfragen eingerichtet worden war, hatte bereits die Zwangsumsiedlung von 55 hannoverschen Sinti auf ein städtisches Grundstück im Altwarmbüchener Moor stattgefunden. Am 1. März 1943 begannen die Deportationen nach Auschwitz. In Neuengamme kam der in Hannover aufgewachsene Boxer Johann »Rukeli« Trollmann, 1933 Deutscher Meister im Halbschwergewicht, ums Leben. Sowohl an Trollmann als auch an andere Sinti, vor allem an sehr viele ermordete Juden erinnern seit einigen Jahren die in die Gehwege vor ihren ehemaligen Wohnhäusern eingelassenen »Stolpersteine«.

Die Zerstörung einer Stadt

Luftangriffe, Kinderlandverschickung, Bunkerbau

Als die letzten Transporte nach Theresienstadt abgingen, lag die Stadt Hannover längst in Trümmern. Ihre Einwohnerzahl war von 472 000 im Jahre 1939 auf 217 000 im April 1945 zurückgegangen. Zwischen dem 1. August 1940 und dem 28. März 1945 waren weit über 100 Luftangriffe auf das damalige Stadtgebiet geflogen worden. Der erste Großangriff auf eine deutsche Stadt, mit sechseinhalb Stunden auch der längste, erfasste am 10. Februar 1941 hauptsächlich den Hauptbahnhof und die Oststadt und forderte 101 Todesopfer. Dieser Angriff war örtlich Anlass für die einsetzende Kinderlandverschickung, die 7000 Kinder in nicht luftgefährdete Gaue nach Böhmen, Mähren und Pommern evakuierte. Da die Luftangriffe auf deutsche Städte allgemein zugenommen hatten, erging am 10. Oktober 1940 das Führer-Sofortprogramm zum Bunkerbau, der im folgenden Jahr unter Elkarts Leitung auch in Hannover zügig in Gang kam. Von den 64 insgesamt geplanten Hoch- und Tiefbunkern wurden 57 fertig gestellt.

Ein neuer Gauleiter

Mitten im Krieg kam es zu einem personellen Revirement. Reichserziehungsminister Bernhard Rust übergab sein Amt als Gauleiter am 19. Januar 1941 an den stellvertretenden Reichsjugendführer Hartmann Lauterbacher aus Tirol, einen skrupellosen, menschenverachtenden Karrieristen, der am 1. August auch das Amt des Oberpräsidenten von Viktor Lutze übernahm und im November 1942 zum Reichsverteidigungskommissar ernannt wurde. Schnell unbeliebt, wurde der Gauleiter hinter vorgehaltener Hand verspottet: »Komm Ernst August steig hernieder / und regiere Du uns wieder. / Lass in diesen schweren Zeiten / Lauterbacher für dich reiten.«

In der Stadt verstand es Lauterbacher, den seit 1937 als Oberbürgermeister amtierenden Parteigenossen Henricus Haltenhoff, einen Großneffen des gleichnamigen Stadtdirektors, nach dem die Straße benannt ist, angeblich wegen zu großer Judenfreundlichkeit mit einem später niedergeschlagenen Parteigerichtsverfahren zu überziehen und dessen Entlassung durchzusetzen. Nachfolger wurde der als Staatskommissar eingesetzte Ludwig Hoffmeister, ein als Parteispitzel gefürchtetes altes NSDAP- und SA-Mitglied, dem ein Nachholen der in Hannovers Rathaus nach 1933 nicht recht vorangekommenen Säuberung vorschwebte.

Als Reichsverteidigungskommissar verkündete Lauterbacher bereits am 1. Februar 1943, zwei Wochen vor Goebbels Aufruf zum totalen Krieg, Maßnahmen zur totalen Kriegsführung des Gaues. Dazu gehörte die Einziehung 16- und 17-jähriger Schüler als Flakhelfer, von denen acht Schüler der Bismarckschule und fünf der Lutherschule am 27./28. September 1943 in ihrer Stellung bei Langenhagen den Tod fanden.

1943 – Die großen Luftangriffe

Hatten sich manche Hannoveraner in der langen Pause seit dem Februarangriff von 1942 der Hoffnung hingegeben, Hannover als die Heimat britischer Könige, deren einer sogar in der Fürstengruft des Leineschlosses ruhte, werde deswegen wohl von weiteren Angriffen verschont bleiben, wurden sie am Mittag des 26. Juli 1943, einem herrlichen Sommertag, eines anderen belehrt. Denn Engländer und Amerikaner hatten im Januar 1943 auf ihrer Konferenz in Casablanca festgelegt, dass Engländer Nachtangriffe zur Flächenbombardierung und Amerikaner tagsüber Zielangriffe fliegen sollten, so dass verstärkt mit einer Rund-um-die-Uhr-Offensive zu rechnen war. Der Angriff am 26. Juli, mit dem die Serie der Großangriffe begann, zählte zu dieser Kategorie.

Während die Engländer vom 25. Juli bis 3. August nach dem Plan Gomorrha in sieben Nachtangriffen Hamburg zerstörten und 40 000 Menschen töteten, flogen amerikanische Verbände zwischendurch einen Tagesangriff auf die Gauhauptstadt Hannover, die als Zentrum der Gummiindustrie und eines der wichtigsten deutschen Verkehrskreuze auf der alliierten Liste der zu zerstörenden Städte weit oben stand. die Offensive am 26. Juli hatte in erster Linie der Conti an der Vahrenwalder Straße und dem Hauptbahnhof gegolten, doch Höhenströmungen hatten Brand- und Sprengbomben auf die Innenstadt abgetrieben. Es waren 273 Opfer zu beklagen. Neben einer Anzahl von Wohnhäusern wurden die meisten markanten Gebäude zerstört, an denen das Herz eines jeden Hannoveraners hing: Opernhaus und Café Kröpcke, der Turm der Marktkirche, Leineschloss und Altes Palais, das Wangenheim Palais und andere.

Unter den im September und Oktober des Jahres folgenden fünf großen Angriffen, war der am 8./9. Oktober der schwerste. 1245 Personen wurden getötet, 447 verletzt. Zerstört wurden 81 öffentliche Gebäude, darunter als Zeugen des alten Hannover das Alte Rathaus und das Leibnizhaus, aber auch die Schauburg an der Hildesheimer Straße, 24 Industriebauten, vor allem aber 3082 Wohnhäuser total, 18 832 wurden schwer beschädigt, so dass infolge dieses Angriffs etwa 250 000 Obdachlose unterzubringen waren. Am folgenden Tag, an dem es unter einer Rauch- und Dunstglocke in Hannover nicht hell wurde, rollten pausenlos LKWs mit Evakuierten in die umliegenden Dörfer. Als Jahr der Zerstörung der Stadt steht 1943 gleichbedeutend neben den anderen herausragenden Daten der Stadtgeschichte 1241, 1636, 1835/43 und 1946/47. Angesichts der schweren Zerstörungen wurde Anfang 1944 sogar diskutiert, die Stadt an ganz anderer Stelle, in der Nähe des Deisters, wieder aufzubauen.

Die Folgen des 20. Juli in Hannover

Unmittelbar nach dem 20. Juli 1944 erreichten die Folgen des fehlgeschlagenen Attentats auf Hitler auch Hannover. Der kommandierende General des Wehrkreises XI konnte sein Einschwenken auf die Maßnahmen nach dem zunächst als gelungen angenommenen Attentat gerade noch wieder bremsen. Der frühere Oberbürgermeister Menge, wahrscheinlich seit 1939 in Verbindung mit dem ehemaligen Leipziger Oberbürgermeister Carl-Friedrich Goerdeler und von diesem beim Erfolg der Operation Walküre zum Politischen Beauftragten, also höchsten Zivilbeamten, im Wehrkreis XI vorgesehen, wurde am 21. Juli in Bad Kissingen verhaftet und am 28. Februar 1945 zu drei Jahren Zuchthaus verurteilt. Im Verlauf der Verfolgung der, wie sich herausstellte, tiefer gestaffelten Kreise der Sympathisanten der Männer des 20. Juli wurden in der sogenannten Aktion Gewitter im Zuständigkeitsbereich der hannoverschen Gestapoleitstelle im August etwa 90 Männer und Frauen, die bis 1933 politisch aktiv gewesen waren, zunächst im Gestapogefängnis in Ahlem inhaftiert, dann in das KZ Neuengamme transportiert, doch größtenteils Mitte September wieder entlassen. Aus Hannover waren darunter der spätere SPD-Vorsitzende Kurt Schumacher, der nach zehnjähriger KZ-Haft kurz vorher nach Hannover zu seiner Schwester entlassen worden war, wo den bis 1933 einen württembergischen Wahlkreis im Reichstag vertretenden, entschiedenen Nazigegner niemand kannte, was ihn nach Meinung der Nazis weniger gefährlich erscheinen ließ. Aus dem Kreis der lokalen Politik gehörten dazu der spätere Oberbürgermeister Wilhelm Weber, der spätere Oberstadtdirektor Karl Wiechert, beide SPD, der Mitbegründer der CDU in Niedersachsen, Bernhard Pfad, und der erste Nachkriegsvorsitzende der IG Chemie – Papier – Keramik, Otto Adler.

Das Ende

Am 28. März 1945 erlebten die Hannoveraner den letzten großen Luftangriff, dem in diesem Jahr bereits acht vorangegangen waren, darunter am 15. März jener auf die Raffinerien in Misburg. Dass den weit mehr als 100 Luftangriffen nicht mehr als 6728 Menschen zum Opfer gefallen waren, ist den zahlreichen Bunkern wie auch den tief in die Bebauung hineinrei-

Jeep der 9. US-Army vor dem Ernst-August-Denkmal am Hauptbahnhof. – Fotografie, 10. April 1945.

chenden großen Grünflächen und den zahlreichen Schmuckplätzen zu verdanken, die als gut erreichbare Zuflucht aus den brennenden Straßen dienten.

Am 5. April hatten die Hannoveraner auf der ersten Seite der Hannoverschen Zeitung den fanatischen Aufruf ihres Gauleiters »Lieber tot als Sklav« lesen können. Lauterbacher, der sich längst in die Festung Harz abgesetzt hatte, rief darin, der allgemeinen, verhängnisvollen Durchhalteparole von Goebbels folgend, unverhohlen drohend zum letzten Kampf auf: »Wer dabei nicht mit uns ist oder feige die verräterische Hand gegen unsere gerechte Sache erheben sollte, wer weiße Fahnen hisst und sich kampflos ergibt, ist des Todes […] Deutschland lebt in uns und unserem Führer. Im tiefen Glauben an seine Ewigkeit gehen wir in den Kampf.«

Nachdem die Anlagen des Rundfunksenders Hannover in Hemmingen am 7. April gesprengt worden waren und die Hannoversche Zeitung mit dem gleichen Tag ihr Erscheinen eingestellt hatte, blieb die Bevölkerung hinsichtlich des mit banger Spannung erwarteten Ganges der weiteren Entwicklung auf die allerorts unterschiedlich wuchernden Gerüchte angewiesen.

Beim Einmarsch der amerikanischen Truppen, der am 10. April morgens 5 Uhr bei dichtem Nebel begann, mussten noch 23 junge, nur mit Platzpatronen ausgerüstete Marinesoldaten ihr Leben lassen, die sich, von ihren Offizieren verlassen, nicht aus ihren Stellungen zwischen Ahlem und Limmer zurückgezogen hatten, weil sie der Aufruf des Stadtkommandanten Generalmajor Paul Wilhelm Löhning nicht erreicht hatte. Auf Drängen des seit dem 18. Oktober 1944 als kommissarischer Oberbürgermeister amtierenden Egon Bönner, früher Bürgermeister in Essen, zuletzt Wehrmachtsbeamter im Generalsrang, der seine Aufgabe in Hannover nur noch als Reparaturkommando ansah, hatte Löhning die kampflose Übergabe der Stadt angeordnet und den Truppen freigestellt, sich zu ergeben oder in Richtung Celle abzuziehen.

Am Vormittag des 10. April gegen 10 Uhr standen amerikanische Jeeps am Kröpcke und vor dem Hauptbahnhof. Drei Regimenter der 84. US-Infanterie-Division hatten die Stadt besetzt. Für Hannover war der II. Weltkrieg zu Ende. Die Stadt war befreit.

Landeshaupt- und Messestadt

»Das Leben erhalten«

Am 11. April 1945, einen Tag nach dem Einmarsch der kämpfenden US-Truppen, ernannte die nachrückende britische Militärverwaltung den 67-jährigen Sozialdemokraten Gustav Bratke, vor 1933 Bürgermeister von Misburg und Vorsitzender des Provinzialausschusses, zum Oberbürgermeister. »Das Leben erhalten« war die ernste Losung, unter der Bratke sein schweres Amt im Rahmen der von der Militärregierung praktizierten »indirect rule«, der Auftragsverwaltung, antrat. Die vor Bratke und der Militärregierung liegenden Probleme waren riesig. Die Militärregierung griff nicht nur bis in die kleinsten Details ein, sie hatte auch ein strenges »no fraternization« verfügt und ihren Soldaten Kontakte oder gar Verbrüderungen mit der deutschen Bevölkerung strikt untersagt, was sich, sollte das Leben wieder in Gang kommen, nicht lange durchhalten ließ. Ähnlich versandete, wenn auch erst nach einigen Jahren, die von den Alliierten zunächst groß angelegte Entnazifizierung, die sich zu lange hinzog und aus unterschiedlichen Gründen manche so davonkommen ließ, wie diese es nicht verdient hatten.

Der britische Militärberichterstatter Leonard O. Mosley notierte entsetzt: »Hannover glich eher einer Wunde im Erdreich als einer Stadt« und gab damit seinen Eindruck vom Zerstörungsgrad der Stadt wieder. Hinsichtlich des Wohnungsverlustes stand Hannover mit 51,6 % an 13. Stelle von 16 Städten im Bereich der heutigen Bundesrepublik. Die Trümmermenge wurde auf gut 6 Mill. cbm geschätzt. 6782 Menschenleben waren zu beklagen: 4748 stadthannoversche Einwohner, 354 ortsfremde Zivilpersonen, 265 Wehrmachtsangehörige, 1005 ausländische Zivilpersonen und Kriegsgefangene sowie 410 Unbekannte. An den Fronten hatten 19 998 hannoversche Soldaten ihr Leben lassen müssen.

Blick von der Rathauskuppel auf die zerstörte Innenstadt. – Fotografie, Anfang 1945.

Nachdem auf den Durchzug der Fronten Wochen mit Übergriffen und Plünderungen durch befreite Zwangsarbeiter – in den ersten Nachkriegsmonaten lebten etwa 54 000 Ausländer in der Stadt – aber auch durch Deutsche gefolgt waren, denen weder die Militärpolizei noch die unbewaffneten deutschen Hilfspolizisten wirksam Einhalt bieten konnten, richtete sich der Oberbefehlshaber des britischen Besatzungsgebietes, Feldmarschall B. L. Montgomery, Ende Mai 1945 in einer »Persönlichen Botschaft« an die Bevölkerung.

Erste Regungen

Den Forderungen Montgomerys entsprechend erteilte die Militärregierung aus versorgungsnotwendigen Gründen mehreren Firmen sehr schnell Genehmigungen zur Wiederaufnahme der Produktion: darunter Bahlsen, Deurag, Conti, Hanomag. Ende Mai kam der Schienenverkehr wieder in

ZEITZEUGE

MONTGOMERYS PROKLAMATION
»Mein unmittelbares Ziel ist es, für alle ein einfaches und geregeltes Leben zu schaffen. In erster Hinsicht ist dafür zu sorgen, dass die Bevölkerung folgendes hat: (a) Nahrung, (b) Obdach, (c) Freisein von Krankheit. Die Ernte muß eingebracht werden. Das Verkehrswesen muß neu aufgebaut werden. Gewisse Industrien müssen wieder die Arbeit aufnehmen. Dieses wird für jedermann viel schwere Arbeit bedeuten. [...] Das deutsche Volk wird unter meinen Befehlen arbeiten, um das, was zum Leben der Volksgemeinschaft notwendig ist, zu schaffen und um das wirtschaftliche Leben des Landes wieder aufzubauen. [...] Der Bevölkerung wird aufgetragen, was zu tun ist. Ich erwarte, dass sie es bereitwillig und wirksam tut.«
(Wege; S. 12)

Gang. Am 17. Oktober öffnete im Bothfelder Bunker die Wirtschaftsausstellung »Der neue Weg« ihre Türen, laut Stadtkommandant Oberst Hume mit dem Ziel: »Der Bevölkerung soll die eigene Entschlossenheit vorgeführt werden, aus dem Chaos zu einem besseren Dasein zu gelangen.«

Auch im kulturellen Bereich regte sich erstaunlich früh wieder Gewohntes. Am 1. Juli gab das Opernhausorchester unter Arno Grau im Galeriegebäude sein erstes Sinfoniekonzert für die deutsche Bevölkerung und am 11. Juli waren dort als erste Opernaufführungen im besetzten Deutschland »Cavalleria rusticana« und »Bajazzo« zu hören. Das Schauspiel begann am 15. September im Galeriegebäude und siedelte im November in den Ballhof über. Auf Forderung der Militärregierung hatte Ferdinand Stuttmann am 21. September in der Orangerie die Ausstellung »Kunst und Leben im 18. Jahrhundert« eröffnen müssen. Auf dem Klagesmarkt begann am 16. September der erste Nachkriegsjahrmarkt und zu Weihnachten 1945 wurde auf Drängen der Militärregierung im Bothfelder Bunker die in erster Linie für Kinder gedachte Ausstellung »Der bunte Baum« eröffnet. Zwischen dem 20. August und dem 22. November hatten alle Schulformen den Unterricht wieder aufgenommen. Und am 1. September hatte eine Mannschaftskombination von Hannover 96 und Arminia 6 : 0 gegen die Fußballmannschaft eines englischen Regimentes gewonnen.

All dies waren erste Regungen, die aber nicht darüber hinwegtäuschen konnten, dass die allgemeinen Lebensumstände, Wohnungsnot, Ernährungslage und die Versorgung mit Heizmaterial katastrophal waren. Grabelandaktionen und die Freigabe von 70 000 Festmeter Brennholz aus den städtischen Forsten waren nur der berühmte Tropfen auf dem heißen Stein. Es wurde weiter gehungert und in den folgenden Wintern jämmerlich gefroren; vor allem in den vielen unzulänglichen Behelfsunterkünften in Ruinen, feuchten Kellern, Gartenlauben, Holz- und Wellblechbaracken.

Kartoffelkrieg und Hungermarsch

Die Ernährungslage blieb bis zur Währungsreform das größte Problem. Was auf den Lebensmittelkarten ausgedruckt war, konnte meist nur zur Hälfte aufgerufen und abgegeben werden. Schließlich sank die Wochenration im April 1947 auf täglich 825,7 kcal., bestehend aus 1625 gr. Brot, 125 gr. Fleisch, 50 gr. Fett, 30 gr. Käse, 125 gr. Salzhering, 125 gr. Zucker, 150 gr. Nährmittel, 30 gr. Kaffeeersatz. Kartoffeln standen kaum noch zur Verfügung. Teils konnten die Mieten wegen der Kälte nicht geöffnet werden, teils verfroren die Kartoffeln auf den Transporten.

Das Jahr 1947 wurde hinsichtlich der Ernährung zum schlimmsten Nachkriegsjahr. Arbeitsniederlegungen, Demonstrationen und Proteste häuften sich. Im Herbst kam es zum so genannten Kartoffelkrieg zwischen der bizonalen Ernährungsverwaltung und den Ländern Bayern und Niedersachsen, die beide mit Kartoffellieferungen im Rückstand waren. Zudem hatte Niedersachsen statt einem zwei Zentner Kartoffeln an die eigene Bevölkerung abgegeben, was zu einer von der Ernährungsverwaltung verfügten Reduzierung der Brotration führte. Da diese zusätzlich weiter gekürzt wurde, sprengten hannoversche Betriebsräte am 27. April 1948 eine Kabinettssitzung. Ministerpräsident Kopf setzte sich an die Spitze des Hungermarsches und verschaffte den Klagen bei der Militärregierung Gehör. Obgleich die Hannoveraner bis Ende September 1947 insgesamt 42 000 Einzelflächen unter dem Spaten hatten, reichte alles nicht aus. Sie versuchten ihr Glück auf dem Schwarzen Markt, der mehrere Jahre hindurch vor allem vor dem Hauptbahnhof trotz häufiger polizeilicher Eingriffe florierte. Sie zogen zum Hamstern auf das Land, tauschten dort das Familiensilber, Teppiche und andere Wertgegenstände gegen Lebensmittel oder sammelten Feld- und Waldfrüchte.

Trümmerräumen

Freiwilliges Trümmerräumen war in Hannover nicht sehr beliebt. Auch die berühmten Trümmerfrauen sah man in Hannover kaum. So mussten Privatfirmen herangezogen werden, die ab Mitte September 1946 auch Motorfahrzeuge einsetzten. Später kamen in Nord- und Südstadt Feldbahnen zum Einsatz. Begann die Räumung vor der Währungsreform zunehmend unter Arbeitskräftemangel zu leiden, fehlte danach das Geld. Doch die Stadtverwaltung, entschlossen, die schnelle Abwicklung dieses für den Wiederaufbau des Gemeinwesens äußerst wichtigen Großprojektes zügig durchzuziehen, beschaffte sich Geld auf dem Kapitalmarkt.

Trümmer, die an Ort und Stelle keine Weiterverwendung fanden, wurden stadtnah abgekippt: zur Verfüllung des Leinearms am Archiv, womit die zerstörte Leineinsel Klein-Venedig beseitigt wurde, für die Rampen der Eisenbahnüberführung in der Garkenburgstraße, für die Dämme der Süd- und Westschnellwege in der Leinemasch, für das hügelige Wildgehege im Zoo und zur sonstigen späteren Verwendung zwischen Engesohder Friedhof und Maschsee. Der mit 2,5 Mill. cbm größte Teil wurde zur Aufschüttung der Ränge des 1954 eröffneten Niedersachsenstadions (heute AWD-Arena) verwandt. Bereits 1954 konnte die Trümmerräumung als abgeschlossen angesehen werden.

Wiederaufbau der Demokratie von unten

Bereits im Oktober 1945 wurde im Zuge des Wiederaufbaus der Demokratie von unten der Auftragsverwaltung ein aus 12 Personen bestehender Stadtbeirat zur Seite gestellt, der im Januar des folgenden Jahres durch einen ernannten Rat ersetzt wurde. Am 1. April 1946 setzte die Militärregierung die »Deutsche Gemeindeordnung – Revidierte Ausgabe« in Kraft, die nach britischem Vorbild die duale Stadtspitze mit dem Vorsitzenden des Rates als Oberbürgermeister und dem – unpolitisch gedachten – Leiter der Verwaltung als Oberstadtdirektor einführte. Das Amt des Oberstadtdirektors übernahm Bratke, Oberbürgermeister wurde Franz Henkel von der FDP. Obgleich die Militärregierung bereits im Herbst 1945 wieder Parteien zugelassen hatte, setzte sie Kommunalwahlen erst für den 13. Oktober 1946 an. Aus dieser Wahl gingen die Sozialdemokraten mit absoluter Mehrheit hervor, die sie erst in der Wahl 1981 verloren, doch Mehrheitsfraktion im Rat blieben.

BIOGRAFIE

»BÜRO DR. SCHUMACHER« UND »DER HANNOVERANER«

Die größten sozialdemokratischen Aktivitäten entfaltete bereits im April 1945 der nach Entlassung aus der KZ-Haft nach Hannover verschlagene frühere Reichstagsabgeordnete Dr. Kurt Schumacher. Sein »Büro Dr. Schumacher« in der Lindener Jacobsstraße wurde zur Keimzelle der Neugründung der SPD als eine Partei, die im Unterschied zur Weimarer Republik alle sozialistischen Strömungen diesseits der Kommunisten umfasste, die für Schumacher nichts anderes als »rot lackierte Nazis« waren. In der ersten Legislaturperiode des Deutschen Bundestages vertrat der »politische Moralist« Schumacher, für den »national sein eine Ehrensache war«, bis zu seinem Tode 1952 den Wahlkreis 19, Hannover-Süd.

Aus der kommunalpolitischen Arbeit der hannoverschen Sozialdemokraten ragt ein Mann heraus, der länger als jeder andere Oberbürgermeister in der Bundesrepublik im Amt war: Dr. h.c. Herbert Schmalstieg, von 1972 bis 1996 ehrenamtlich als Vorsitzender des Rates und weitere zehn Jahre als Verwaltungschef, ein Mann, der für viele schlichtweg »Der Hannoveraner« war.

Mit der Kommunalwahl 1946 hatte die Stadt ihre demokratisch legitimierte kommunale Selbstverwaltung zurückerhalten. In seiner konstituierenden Sitzung am 26. Oktober wählte der Rat den seit 1921 dem BVK angehörenden Wilhelm Weber (SPD) zum Oberbürgermeister und Franz Henkel (FDP) zu seinem Stellvertreter. Der britische Stadtkommandant wirkte noch einige Jahre als aufsichtführende Instanz im Hintergrund.

»Die Hauptstadt Niedersachsens ist Hannover«

Gut drei Wochen nach der Ernennung Bratkes zum Oberbürgermeister wurde dessen Parteifreund Hinrich Wilhelm Kopf, von 1928 bis 1932 Landrat in Hadeln, am 1. Mai 1945 zum Regierungspräsidenten von Hannover und am 18. September des Jahres zum Oberpräsidenten der Provinz Hannover ernannt. Am 23. August 1946, auf den Tag genau 80 Jahre nach der Auslöschung des Königreichs Hannover im Frieden von Prag, erhielt die Provinz in einer Festsitzung im Neuen Rathaus den Status eines Landes mit Kopf als Ministerpräsidenten. Nach nur zehn Wochen wurde das neue Land Hannover mit den Ländern Braunschweig, Oldenburg und Schaumburg-Lippe aufgrund der Verordnung Nr. 55 der Militärregierung und deutscher Vorarbeiten im neuen Land Niedersachsen zusammengefasst. Artikel II der genannten Verordnung verfügte »Die Hauptstadt Niedersachsens ist Hannover«. Aus den ersten Landtagswahlen am 20. April 1947 ging die SPD als stärkste Fraktion hervor. Kopf bildete ein Allparteienkabinett. Damit war der Aufbau der Demokratie von unten bis zur Länderebene vollzogen.

Landtag, Staatskanzlei und Ministerien mussten zunächst mit Provisorien auskommen: der Landtag im Weißen Saal der Stadthalle, die Staatskanzlei und die Ministerien in meist unzweckmäßigen Gebäuden über die Stadt verteilt. Die von Stadtbaurat Rudolf Hillebrecht Ende September 1948 entwickelte Vision, für den Landtag das Leineschloss wieder aufzubauen und das Regierungsviertel am Waterlooplatz anzusiedeln, wurde knapp anderthalb Jahrzehnte später Wirklichkeit. Am 11.

Ministerpräsident Hinrich Wilhelm Kopf am Tag der Wiederherstellung des Landes Hannover mit dem stellvertr. Militärgouverneur der Britischen Zone, Sir Brian Robertson, und dem Chef des 229 Military Government Detachment, John Lingham. – Fotografie, 23. August 1946.

September 1962 konnte der Landtag in dem von Dieter Oesterlen wieder aufgebauten und um einen Kubus für den Plenarsaal ergänzten Leineschloss eingeweiht werden. Sieben der neun heutigen Ministerien fanden ihren Standort als »Regierungsviertel aus demokratischem Geist«, bestehend aus Solitärbauten in aufgelockerter, durchgrünter Bauweise innerhalb eines Radius von etwa 500 Metern um den Landtag herum. Lediglich Staatskanzlei sowie Finanz- und Kultusministerium liegen weiter entfernt.

Ein Fenster zur *Welt* – »Exportmesse Hannover 1947«

Kaum ein Jahr, nachdem Hannover Hauptstadt des neuen Landes Niedersachsen geworden war, wurde die neue Landeshauptstadt auch Messestadt. Beide Eigenschaften waren für die weitere Entwicklung der Stadt zum Verwaltungs- und Wirtschaftszentrum von nachhaltiger Bedeutung. Die britische Militärregierung hatte darauf gedrängt, der langsam anlaufenden deutschen Wirtschaft zur Entlastung des britischen Staatshaushalts wieder Zutritt zum Weltmarkt zu verschaffen, wozu am besten eine Messe geeignet sei. Da die Leipziger Messe in der sowjetischen Besatzungszone lag, die Städte Hamburg, Düsseldorf und Köln sich dem britischen Ansinnen so kurz nach Kriegsende noch nicht gewachsen fühlten, wurde in Hannover angefragt, wo Wirtschaftsminister Alfred Kubel und Oberstadtdirektor Gustav Bratke allen Mut zusammennahmen und sich trotz mancherlei Bedenken bereit erklärten, innerhalb von nur 123 Tagen in den durch Demontagen frei gewordenen Hallen der Vereinigten Leichtmetallwerke in Laatzen eine Export-Messe auf die Beine zu stellen. Es war die mutigste und bedeutendste Entscheidung in Hannovers neuerer Geschichte.

Die am 18. August 1947 ihre Tore öffnende Export-Messe Hannover wurde für damalige Verhältnisse zu einem außergewöhnlichen Erfolg, der den Beschluss nach sich zog, im nächsten Jahr weiterzumachen. Die auf fast 22 000 qm Fläche vertretenen 1298 bizonalen Ausstellerfirmen – ab 1950 waren auch ausländische dabei – konnten für Investitions- und Konsumgüter Abschlüsse in Höhe von 32 Mill. Dollar tätigen. Nahezu 750 000 Besucher strömten auf das Gelände, viele wegen der dort markenfrei abgegebenen Fischbrötchen, weshalb diese erste Messe auch als »Fischbrötchenmesse« in die Geschichte der Messe eingegangen ist. Deren Betreiber, die Messe AG, hat seither eine Großzahl von Fach- und Spezialmessen auf ihrem ständig ausgeweiteten und 1974 nach Hannover eingemeindeten Gelände betreut. Charakteristische Leitmessen sind nach der Teilung der Messen 1986 die CeBit (Centrum für Büro- und Informationstechnik) und die Hannover Messe für Industriegüter. Beide, weltgrößte Ausstellungen ihrer Art, haben 2012 erfolgreiche Bilanzen ziehen können. Die Messen und die Entwicklung der Stadt haben sich in allen Jahrzehnten auf vielfältige Weise gegenseitig befruchtet.

Hauptstadt des deutschen Protestantismus

Auch die Evangelisch-lutherische Landeskirche fasste 1947 wieder Tritt. Ihr Landesbischof D. August Marahrens, der als führender Kirchenpolitiker während des Dritten Reiches mit höchst anfechtbaren Äußerungen ins Zwielicht geraten war, schied aus dem Amt. Als Nachfolger wurde der im kirchlichen Widerstand aktiv gewesene und nach dem 20. Juli verhaftete Oberkirchenrat und Generalsekretär des Lutherischen Weltbundes D. Hanns Lilje gewählt, sowohl einer der außergewöhnlichsten Vertreter des deutschen Protestantismus als auch einer der bedeutendsten Hannoveraner der Nachkriegsjahrzehnte. Am 28. Mai 1947 in der Ruine der Marktkirche in sein Amt eingeführt, gelang es ihm, deren Wiederaufbau bis zur Vollversammlung des Lutherischen Weltbundes im Sommer 1952 zum Abschluss zu bringen. 1949 war Lilje Gastgeber der Deutschen Evangelischen Woche, während der als große Laienbewegung der Deutsche Evangelische Kirchentag ins Leben gerufen wurde. Dieser war in Hannover, der Hauptstadt des deutschen Protestantismus, in der die Kirchenämter der Evangelischen Kirche in Deutschland (EKD), der Vereinigten Ev.-luth. Kirche Deutschlands (VELKD) und seit 2012 die Reformierte Weltgemeinschaft ihren Sitz haben, in den Jahren 1967, 1983 und 2005 erneut zu Gast.

In diesem Zusammenhang sei der Zeit vorausgeeilt und erwähnt, dass 1962 erneut ein Katholikentag in Hannover stattfand, der zu einem Höhepunkt in der Geschichte der Katholiken in Hannover wurde: der Hildesheimer Weihbischof Heinrich Pachowiak sprach ein Schuldbekenntnis der katholischen Kirche und ihrer Gläubigen für ihr Verhalten in der NS-Zeit. Zugleich kam es zu ersten Gesprächen zwischen dem Heiligen Stuhl und der EKD, drei Jahre darauf zum Abschluss des Niedersachsenkonkordats – Ereignisse, die zweifellos zum seither von Katholiken und Lutheranern stärker betonten ökumenischen Miteinander geführt haben.

Die wenigen Juden, die davongekommen waren, bildeten unter Leitung von Norbert Prager den Kern einer durch Zuwandernde wieder wachsenden jüdischen Gemeinde, die sich 1955 mit dem die überlebenden osteuropäischen Juden vertretenden Jewish Committee zusammenschloss. Mit dem Bau eines Altersheimes entstand an der Haeckelstraße ein jüdisches Gemeindezentrum, als dessen Mittelpunkt 1963 die neue Synagoge eingeweiht werden konnte. Infolge der Zuwanderungen vorwiegend aus der ehemaligen Sowjetunion stieg die Zahl der

Mitglieder der inzwischen vier Gemeinden auf 6 000 an. Schon 1995 war es zur Bildung einer »Liberalen Jüdischen Gemeinde« gekommen, die im Januar 2009 in Leinhausen ein eigenes Gemeindezentrum mit Synagoge in der ehemaligen evangelisch-lutherischen Gustav-Adolf-Kirche einweihte.

Aufbruch auf vielen Gebieten

Zunächst hatte im Februar 1946 ein verheerendes Hochwasser weite Stadtflächen unter Wasser gesetzt, Räumungs- und bescheidene Wiederaufbaumaßnahmen zunichte und was an Vorräten in Kellern lag, unbrauchbar gemacht.

Doch zwischen 1946 und 1955 drängten sich dann vor dem Hintergrund von Währungsreform, Marshall-Plan, Korea-Krieg, Remilitarisierung und langsam anlaufendem Wirtschaftswunder Ereignisse, die nicht nur das städtische Leben wieder in alte Bahnen zurückführten, sondern aufgrund der

1950 betrug der Anteil der Flüchtlinge und Vertriebenen an den Einwohnern des zonengrenznah gelegenen Hannovers über 20 %. – Fotografie, 1945/46.

Tatsache, dass viele hier zum ersten Mal seit Kriegsende stattfanden, der Stadt eine schließlich bundesweite Aufmerksamkeit zuspielten.

Städtepartnerschaften

Noch während der ersten Messe waren unter der Leitung des Germanisten Professor August Closs, seit 1987 Ehrenbürger Hannovers, eine Gruppe von Bürgern aus Bristol in Hannover eingetroffen, um getreu den Worten Schillers: »Der bloß niedergeworfene Feind kann wieder aufstehen, aber der versöhnte ist wahrhaft überwunden« den Hannoveranern die Freundeshand zu reichen. Zur Förderung der damit eingeleiteten neuen internationalen Beziehungen knüpfte Hannover Kontakte zu weiteren Partnerstädten: Perpignan/Frankreich (1966), Blantyre/Malawi (1968), Utrecht/Niederlande (1971, ausgesetzt 1976), Poznan/Polen (1979), Hiroshima/Japan (1983), Leipzig (1987). Mit der russischen Stadt Iwanowo wurde 1990 eine Vereinbarung über kommunale Zusammenarbeit geschlossen.

Flüchtlinge und Vertriebene als Neubürger

In einem ganz anderen Zusammenhang hatte Hannover aus Anlass des 3. Schlesiertreffens die Patenschaft für Stadt und Landkreis Glogau/Niederschlesien übernommen. Da mehr als ein Drittel der Heimatvertriebenen, die in Niedersachsen eine zweite Heimat gefunden hatten, aus Schlesien stammte, bekannte sich das Land Niedersachsen zur Patenschaft für die Landsmannschaft Schlesien und lud bis 1988 und dann wieder 2007 zu Schlesiertreffen auf das Messegelände ein, dessen drittes mit 300 000 Teilnehmern das am stärksten besuchte war.

Die Stadt Hannover, zonengrenznah gelegen und nicht nur für diejenigen, die auf eine baldige Rückkehr in ihre Heimat hofften, bevorzugtes Ziel ihrer Flucht, hatte sich im November 1946 angesichts des herrschenden Wohnungs- und Nahrungsmangels völlig außerstande gesehen, die inzwischen 43 000 Flüchtlinge und Vertriebenen unterzubringen oder zu versorgen. 1950 waren von mittlerweile wieder 443 241 Einwohnern 20,9 % oder 92 587 Flüchtlinge und Vertriebene. Ohne deren Zupacken wäre Hannover nicht so schnell wieder aus den

Trümmern erstanden. Nach Jahren manchmal mühsamen Zusammenlebens mit den Einheimischen haben die meisten Flüchtlinge hier eine zweite Heimat gefunden.

Zeitungen und Rundfunk

Im Sommer 1946 lockerte die Militärregierung ihre Pressepolitik, die sich ab Ende Mai 1945 auf die Herausgabe der Alliierten Nachrichtenblätter »Neuer Hannoverscher Kurier« und »Hannoversches Nachrichtenblatt« konzentriert hatte, und vergab Lizenzen für deutsche Parteirichtungszeitungen: am 3. Juli an die den bürgerlichen Parteien nahestehenden »Hannoverschen Neuesten Nachrichten« (HNN), am 19. Juli an die als Nachfolgerin des »Volkswillen« zum Umfeld der SPD gehörende »Hannoversche Presse« (hp), seit 1978 »Neue Presse« (NP), und am 25. August 1949, kurz bevor der Lizenzzwang aufgehoben wurde, an die »Hannoversche Allgemeine Zeitung« (HAZ) als Nachfolgerin der HNN. Im Unterschied zu weiteren in der Lizenzphase entstehenden Zeitungen, denen keine lange Lebensdauer beschieden war, erscheinen die Tageszeitungen HAZ und NP noch heute, dazu BILD mit einem Hannover-Teil.

STERN UND SPIEGEL

Ebenfalls zur Lizenzpresse gehörten zwei in Hannover gegründete Wochenzeitschriften. Am 16. November 1946 war zum ersten Mal »Diese Woche« auf dem Markt, seit 4. Januar 1947 unter dem neuen Namen DER SPIEGEL, ein Nachrichtenmagazin nach angloamerikanischen Vorbildern, das von seinem Herausgeber und Chefredakteur, dem gebürtigen Hannoveraner Rudolf Augstein, als »Sturmgeschütz der Demokratie« verstanden wurde. Am 1. Oktober 1952 übersiedelte der SPIEGEL-Verlag nach Hamburg. Ein anderer Blattmacher, Henri Nannen, dessen Karriere am 1. August 1948 mit der Herausgabe des »Stern – Illustrierte Zeitschrift für junge Menschen« ebenfalls in Hannover begann, war bereits im Mai 1949 nach Hamburg gezogen.

HINTERGRUND

Der Rundfunksender Hannover musste, da sämtliche Sendeanlagen kurz vor Kriegsende gesprengt worden waren, noch einmal von vorn beginnen. Anfang 1946 erhielt er die ersten, sich langsam verbessernden sendetechnischen Möglichkeiten, um im bescheidenen Maße senden zu können – seit Mai 1948 die Funkbilder aus Niedersachsen – und sich in den Hamburger Sendebetrieb des Nordwestdeutschen Rundfunks (NWDR) einzubringen. Verbessert wurde die Situation, als der Sender im Januar 1950 sein eigenes Funkhaus am Maschsee in Betrieb nehmen konnte, den ersten öffentlichen Bau in Hannovers Nachkriegszeit, der 1963 um den Großen Sendesaal erweitert wurde. Das stets im Schatten des NDR Hamburg (seit 1956) stehende Funkhaus Hannover wurde erst 1981 durch den neuen Rundfunkstaatsvertrag zwischen den Ländern Niedersachsen, Schleswig-Holstein und Hamburg sowie 1984 durch das Landesrundfunkgesetz als Landesfunkhaus Niedersachsen mit weiteren Redaktionen und Sendezuständigkeiten auch im Fernsehen erheblich aufgewertet, bekam aber auch Privatsender an die Seite gestellt. Daneben sendet seit 1962 auch ein ZDF-Studio aus Hannover.

Sport und Schützenwesen

Ebenfalls 1947 hatte sich im Hodler-Saal des Neuen Rathauses der Landessportbund Niedersachsen konstituiert. Am gleichen Ort erfolgte am 10. Dezember 1950 die Gründung des Deutschen Sportbundes und vierzig Jahre später traten die Sportverbände der fünf neuen Bundesländer, ebenfalls im Hodler-Saal, dem Deutschen Sportbund bei. 1959 war in Hannover der Goldene Plan zur Sportförderung bekannt gegeben und Hannover die Auszeichnung »Sportstadt Nr. 1« verliehen worden, die u. a. mit der Schaffung von Bezirkssportanlagen dem Sport manche Synergieeffekte verschafft und ihn schneller hatte aufblühen lassen als in anderen vergleichbaren Städten. Als eines der wichtigsten Sportereignisse bewahrt die allgemeine Erinnerung, dass Hannover 96 mit einem 5:1 gegen Kaiserslautern 1954 Deutscher Fußballmeister und 1992 als Zweitligist mit einem 4:3 über Borussia Mönchen-Gladbach DFB-Pokalsieger geworden war.

Im Schützenwesen war 1949 das Verbot des Sportschießens aufgehoben und der Verband Hannoverscher Schützenvereine wieder zugelassen worden. 1950 fand der erste halboffizielle Schützenausmarsch statt und im folgenden Jahr der erste Deutsche Schützentag seit Kriegsende. Vier Jahre später erhielt Hannover anlässlich der Einweihung der neuen Schießanlage an der Wilkenburger Straße im Rahmen des ersten Deutschen Bundesschießens nach 1955 den Titel »Deutsche Schützenstadt« verliehen. Allsommerlich findet am Morgen des ersten Schützenfestsonntags der Schützenausmarsch statt, der 1977 mit 14 000 Teilnehmern vor 300 000 Zuschauern einen Rekord aufstellte. Mit verändertem Konzept für Ausmarsch und Festplatz konnte sich Europas größtes Schützenfest auch 2014 anhaltenden großen Zuspruchs erfreuen.

Die erste Bundesgartenschau

Das Jahr 1951 war für Stadtentwicklung und Städtebau mit Bundesgartenschau und Constructa-Bauausstellung von nachhaltiger Bedeutung. Am 28. April 1951 eröffnete Frau Elly Heuss-Knapp, die Gattin des Bundespräsidenten, auf dem

Blumenkorso zur 1. Bundesgartenschau. – Fotografie, 5. August 1951.

Stadthallengelände die erste Bundesgartenschau. Für Frau Heuss-Knapp »gehörte der Garten zum Wiederaufbau, er gehört zur Hoffnung nach der Zerstörung, zur Ruhe trotz aller Arbeit.« Die Bundesgartenschau stellte in schwerer Zeit ein Bekenntnis zur Durchgrünung Hannovers, zur Pflege des Rufes der Stadt als Großstadt im Grünen dar. Als veranstaltungsmäßiger Höhepunkt der Bundesgartenschau fand am 5. August ein Blumenkorso statt, in dem Dutzende phantasievoll mit Blumen geschmückte Wagen, begleitet von zahlreichen Gruppen unterschiedlichster Herkunft, von der Herrenhäuser Allee zum Stadthallengelände zogen. Da Hunderttausende diesen Korso bejubelten, fand er bis 1958 – außer 1956 – noch sechsmal statt.

HINTERGRUND

»GRÜNSTE STADT DEUTSCHLANDS«

Während der Blumenkorso auf die 1950er-Jahre beschränkt blieb, wurde die Pflege der Durchgrünung der Stadt zu einer auch aus Anlass der EXPO mit dem Projekt »Stadt als Garten« geförderten Daueraufgabe. Heute sind mehr als 41 % der 204 qkm des Stadtgebietes unterschiedlich genutzte Grünflächen. Von der Eilenriede über die Friedhöfe bis hin zu landwirtschaftlichen Flächen und mehr als 19 000 Kleingärten, von den Herrenhäuser Gärten über die Leineaue bis hin zu Lönspark und Tiergarten; nicht zu vergessen, dass inzwischen 42 000 Bäume Hannovers Straßen begleiten und derzeit die Renaturierung des seit sieben Jahrzehnten am Altwarmbüchener Moor auf einer Fläche von 28 ha aufgekippten 121 m hohen Müllberges zu einem »Naturparadies« in Angriff genommen wird. 2007 gewann Hannover den Wettbewerb »Grünste Stadt Deutschlands.«

Constructa-Bauausstellung

Im gleichen Jahr wie die Bundesgartenschau fand auf dem Messegelände die Bauausstellung Constructa statt. Hier präsentierten Stadtbaurat Hillebrecht und seine Mitarbeiter ihre vom internationalen Publikum viel beachteten, weit ausgreifenden Entwürfe für den Wiederaufbau und führten am Beispiel Hannover ihr Konzept für den neuen Städtebau vor. Nicht zuletzt als Reaktion auf die Zerstörungen während des Luftkrieges

Stadtbaurat Rudolf Hillebrecht als Aufmacher. – SPIEGEL-Titelblatt vom 3 Juni 1959.

folgte ihre städtebauliche Planung dem Leitbild der aufgelockerten, durchgrünten und funktional gegliederten Stadt, die unter besonderer Berücksichtigung der Verkehrsbedürfnisse völlig neue Strukturen vorsah.

Doch Hillebrecht bot den Besuchern nicht nur Pläne. In situ stellte er drei unterschiedlich fortgeschrittene Wohnungsbauprojekte vor. Rund um die Kreuzkirche war mit Hilfe einer Aufbaugenossenschaft entlang der alten Straßenzüge aber auf völlig neu parzellierten Grundstücken ein citynahes Wohnviertel entstanden. Ein weiteres Wohngebiet, der so genannte Constructa-Block war in der Südstadt zwischen Hildesheimer-, Krausen-, Schläger- und Bandelstraße im Bau, ein großzügig durchgrüntes Areal mit zweigeschossigen Eigenheimzeilen, fünfstöckigen Mietshäusern und einem neungeschossigen Laubenganghaus mit Appartementwohnungen sowie einer Erdgeschosszeile mit Läden an der Hildesheimer Straße.

Das dritte Bauvorhaben präsentierte die Bauverwaltung als Arrondierung eines steckengebliebenen Wohnviertels am Stadtrand im Mittelfeld. Hier entstand, ebenfalls dem Nachbarschaftsgedanken verpflichtet, ein geschlossener Stadtteil mit jeglicher Infrastruktur, geplant für 10 000 Bewohner. Dass dieses hauptsächlich Flüchtlingen und Vertriebenen vorbehaltene Bauvorhaben zügig vorankam, war Mitteln aus dem Marshallplan zu verdanken. Diese Demonstrativbauvorhaben waren Musterbeispiele für den rasanten Neubau der Stadt, der als »Wunder von Hannover« in die Nachkriegsgeschichte einging.

Die zerstörten Wohnstraßen nach dem obigen Leitbild wieder aufzubauen, ließ sich aus räumlichen, zeitlichen und finanziellen Gründen nicht realisieren. Zu drückend war die Wohnungsnot, als dass man hätte groß experimentieren können. So entstanden zwangläufig viele architektonisch schlichte bis langweilige Wohnstraßen. Aber auch Büro-, Geschäfts- und Kaufhäuser der Innenstadt waren nicht immer dem Bauhaus nachempfundene geniale Neuschöpfungen.

Was Rat und Verwaltung der Stadt – in vielen Fällen gemeinsam mit Bürgerbeteiligung – an Aufbauleistung in den beiden ersten Nachkriegsjahrzehnten bewerkstelligten, ist den nicht ohne Verantwortungsbewusstsein für das zu Leistende aber auch mit Stolz auf das Erreichte geschriebenen und veröffentlichten Rechenschaftsberichten zu entnehmen, die sich im Wesentlichen an den Wahlperioden des Rates orientierten: Drei schwere Jahre (1948), Anpacken und Vollenden. Hannover 1949, Vom Plan zur Wirklichkeit (1952), Schritt in die Zukunft (1956), Die Stadt, in der wir leben (1960), und als letzter Fortschritte 1960–1964.

»Das Wunder von Hannover«

Als DER SPIEGEL am 3. Juni 1959 unter dem Titel »Das Wunder von Hannover« den Verkehr an der Leine als wegweisend feierte, zog er quasi ein Fazit der in Hannover unter Leitung von Rudolf Hillebrecht überzeugender und schneller als andernorts realisierten Planungen für Verkehrsführung und Wiederaufbau.

Nach Anhörung zahlreicher Fachleute und diverser Gremien, darunter als Bürgerbeteiligung die aus Grundeigentümern, Kaufleuten und Unternehmern nach Bremer Vorbild gebildete Aufbaugemeinschaft, deren Beirat auch Vertreter von Gewerkschaften und berufsständischen Organisationen angehörten, legte die Bauverwaltung am 31. Dezember 1950 als »Zweite Denkschrift« zum »Aufbau der Stadt Hannover« den Flächennutzungsplan vor, der als Grundlage für den gesamten Wiederaufbau diente. Dabei trat neben dem höchste Priorität genießenden Wohnungsbau als bedeutendste Leistung des Wiederaufbaus – oder besser gesagt: der Neubauplanung – die Entwicklung eines völlig neuen Verkehrskonzeptes hervor.

HINTERGRUND

HILLEBRECHTS VERKEHRSPLANUNG

»Verkehrsplanung war für Hillebrecht lediglich der Weg, auf dem er das Ziel einer Neuordnung der Innenstadt erreichen wollte.[...] Den Verkehr als maßgeblichen Gestalter der Stadtbaukunst begreifend gab es für Hillebrecht Verkehrsplanung nur im Zusammenhang mit einer Strukturplanung und als ein Teil einer umfassenden Reorganisation unserer Stadtkörper [...]. Oberstes Ziel war es, den Verkehr schnell und billig, reibungslos und sicher zu leiten, vor allem aber durch Strukturplanungen unnötigen Verkehr zu vermeiden.«

(Stadtgesch. II, S. 685)

Die Strukturplanungen sahen vor, die von 150 ha auf 360 ha vergrößerte Kernstadt primär dem traditionellen Geschäftsleben, dem Banken- und Versicherungsviertel und wenigen geschlossenen Wohnquartieren vorzubehalten, während personenaufkommensintensive Bauten, nämlich Hochhäuser, Verwaltungen und Gemeinschaftsanlagen, am Rand der Kernstadt wie an Leibnizufer und Hamburger Allee vorgesehen waren; ausgedehnte Wohnviertel gehörten in die Stadtteile, Gewerbe und Industrie mehr an den Stadtrand. Im Zuge der Strukturplanungen für die Kernstadt kam es zur Entflechtung und Lenkung der Verkehrsströme, die bislang alle strahlenförmig auf den Platz am Kröpcke zuliefen. Um diese Verkehrsströme als Durchgangsverkehr aus der Kernstadt herauszuhalten und als Binnenverkehr zwischen den Stadtteilen um diese herumzuführen, legte Hillebrecht einen teils sechsspurigen Tangentenring, heute City-Ring, um die Kernstadt; allerdings zu dem Preis, dass sowohl Calenberger Neustadt als auch Oststadt von der Kernstadt abgerückt wurden. Ergänzt wurde dieser City-Ring durch ein System von Außentangenten, heute Schnellwege genannt, die den Verkehr weiter draußen um die Stadt herumführten wie Messeschnellweg, Süd- und Westschnellweg und im Norden die Ost-West-Autobahn A 2. Beide Ringe wurden mit Radialstraßen verbunden, mit denen sie durch ampelfreie Verkehrskreisel verknüpft waren, deren letzter, inzwischen auch nicht mehr leistungsfähig genug, 2012 zu einer ampelgesteuerten Kreuzung umgebaut wurde.

Jahrzehnte hindurch galten die Verkehrskreisel »als Ausdruck modernster Verkehrsführung schlechthin und vorbildliche Symbole für das Funktionieren der autogerechten Stadt.« (Stadtgesch. II, S. 688) Geplant hatte man diese, als auf 36 Stadtbewohner ein Kraftfahrzeug kam, für eine Zeit, für die man, darob belächelt, ein Verhältnis von 10 : 1 erwartete; heute ist dieses 2 : 1 und das System Hillebrecht funktioniert noch immer, auch, weil es seit den 1960er-Jahren mit dem Bau der U-Bahn und der Anlegung einer ausgedehnten Fußgängerzone im inneren Stadtbereich die notwendige Weiterentwicklung erfahren hat.

Rote-Punkt-Aktion, U-Bahn und Fußgängerzone

Denn nach dem Abschluss des Wiederaufbaus kam es bereits in den 1960er-Jahren zu einer die Innenstadt erheblich verändernden Umbau- und Modernisierungswelle, die im Blick auf die EXPO 2000 und als deren Folge auch Stadtrandgebiete erfasste.

Als die U-Bahn bereits vier Jahre im Bau war – das sei hier eingefügt –, kam es im Sommer 1969 angesichts der vielfachen Behinderungen der Straßenbahn durch den rapide gewachsenen Kraftfahrzeugverkehr zu Massendemonstrationen, weil die Straßenbahn unerachtet ihrer durch das Verkehrschaos bedingten Unpünktlichkeit die Fahrpreise erhöhte. Der Straßenbahnverkehr wurde am 12. Juni von Schülern, Studenten und APO-

Busstopp in der Kurt-Schumacher-Straße. – Fotografie, 2010.

Gruppen lahmgelegt. In einer so genannten Rote-Punkt-Aktion luden private PKWs mit einem roten Punkt an der Windschutzscheibe an den Haltestellen Wartende zum Mitfahren ein. Am 20. Juni nahm die ÜSTRA den Verkehr zu einem von der Stadt beschlossenen subventionierten Einheitstarif von 0,50 DM wieder auf. Als nachhaltige Folge ging aus dieser bundesweit beachteten Protestaktion und dem Eingreifen von Land und Stadt die Kommunalisierung der ÜSTRA hervor.

Mit dem Bau der U-Bahn, den der Rat am 23. Januar 1965 beschlossen hatte, als der Wiederaufbau der Stadt seit vier Jahren als beendet galt, wurden zur Aufrechterhaltung des Verkehrsflusses in der inneren Stadt die Verkehrsarten entflochten und der schienengebundene Verkehr unter die Erde verlegt. Zwischen 1965 und 1989 entstand ein leistungsfähiges U-Bahnnetz, 1975 mit der ersten Linie eröffnet, das 10 von 13 Linien befahren, die außerhalb der Tunnel als Straßenbahn größtenteils auf eigenen Trassen verkehren. Bei der Kombination zur Stadtbahn wurde es als »Hannover-System« bekannt. Später wurden verschiedene Strecken bis an die stadtrandnahen großen Wohnkomplexe wie Mühlenberg, Roderbruch, Kronsberg heran sowie über die Stadtgrenzen hinaus bis in die Vororte geführt – was es bis in die 1950er-Jahre alles schon gegeben hatte.

Dem U-Bahnbau folgte in der Innenstadt, wo 1954 mit der Grupenstraße die erste Fußgängerstraße entstanden war, zur Verkehrsberuhigung und Aufwertung von Einkaufs- und Freizeitbereichen die Anlegung einer ausgedehnten Fußgängerzone. In diesem Zusammenhang ging auch ein jahrzehnte alter städtebaulicher Wunsch in Erfüllung: die barrierefreie Verbindung der Geschäftsstadt vor dem Bahnhof mit der Oststadt hinter dem Bahnhof. Auf der Minus-Eins-Ebene wurde ein Durchgang mit dem Namen Passerelle geschaffen, seit 2002 nach Hannovers Ehrenbürgerin Niki-de-Saint-Phalle-Promenade benannt und mit einem vielfältigen Branchenmix an Geschäften bestückt.

Umbau der Stadt

Im Zusammenhang mit U-Bahn und Fußgängerzone sollten an einigen Standorten, vorwiegend in Verbindung mit City-Ring und U-Bahn-Stationen, in den 1970er-Jahren multifunktionale Großkomplexe entstehen, von denen nur das inzwischen wieder zurückgebaute Kröpcke-Center sowie die städtebauliche Fehlplanung Ihme-Zentrum in Gänze, der Raschplatz-Komplex nur partiell realisiert wurden. Die neuen stadtbildprägenden Bauten und Anlagen der 1990er-Jahre verdankt die Stadt sowohl ihrer durch die Wiedervereinigung zurückgewonnenen Zentrallage als auch vor allem der Weltausstellung EXPO 2000. Hauptbahnhof und Ernst-August-Platz wurden als Visitenkarte der Stadt aufgewertet. Mit der 2008 eröffneten Ernst-August-Galerie erhielt der Platz einen zusätzlichen Besuchermagneten. Die NORD/LB weihte 2002 ihren aus Glaskörpern aufgetürmten Bau am Aegi ein, der einen nicht von allen Hannoveranern geliebten Kontrast zum Neuen Rathaus bildet. Einzigartig sind die Busstops, neun von internationalen Künstlern 1994 gestaltete Bus- und Stadtbahnhaltestellen, die als Kunst im öffentlichen Raum an der Seite der zwischen 1986 und 2000 von dem Galeristen Robert Simon zwischen Friederiken- und Königsworther Platz initiierten Skulpturenmeile stehen.

Verkehrsbauten am Rande der Stadt

Von nachhaltigem Nutzen für die Stadt und ihre Umgebung haben sich mehrere zur EXPO fertiggestellte Verkehrsbauten erwiesen: das S-Bahnnetz, das sowohl den Flughafen als auch zahlreiche Orte des Umlandes besser an die Stadt bindet, eine neue Stadtbahnlinie zum Stadtteil Kronsberg und zum Messegelände sowie der Ausbau der Pferdeturmkreuzung.

Parallel zu den genannten Maßnahmen wie zur Neuordnung des innerstädtischen Verkehrs liefen mit dem Ausbau des Flughafens, der Autobahn und des Mittellandkanals am Stadtrand bedeutende Baumaßnahmen für den Wirtschaftsstandort Hannover. Auf dem Gelände des ehemaligen Militärflughafens Langenhagen-Evershorst war am 26. April 1952 als erster westeuropäischer Flughafenneubau nach dem Kriege der von Stadt, Messe, Berlinverkehr und regionaler Wirtschaft geforderte Flughafen Hannover-Langenhagen eingeweiht worden. Bis zur Wiedervereinigung war er der wichtigste westliche Stützpunkt der Berlinverbindungen und von 1958 bis 1992 Standort der Deutschen Luftfahrtschau, seit 1984 ILA. Nach Ausbau des interkontinental tauglichen Parallelbahnsystems, nach Neubau von Tower, Flugzeughallen, Frachtzentren und Parkmöglichkeiten sowie der als Flughafen der kurzen Wege konzipierten drei neuen Terminals ist der Flughafen Hannover-Langenhagen seit 1971/73 als Hannover-Modell unter dem Namen »Compact Modul Unit System« zu einem festen Begriff in der internationalen Luftfahrt und zum Vorbild für den ebenfalls von dem hannoverschen Architekten Heinz Wilke entworfenen Moskauer Flughafen Sheremetyevo geworden. Hinsichtlich seiner Start- und Landebahnkapazitäten nach Frankfurt und München die Nr. 3 in Deutschland, stand der Flughafen Hannover-Langenhagen, der zugleich Heimatbasis von TUIfly, der drittgrößten deutschen Fluggesellschaft ist, 2012 mit gut 5,3 Mill. Passagieren an neunter Stelle unter den 35 deutschen Verkehrsflughäfen.

Die Fertigstellung der Nord-Süd-Autobahn A 7 und damit des Verkehrskreuzes Hannover-Ost im Jahre 1962 und der weiteren Ergänzungen des stadtnahen Autobahnnetzes in den beiden folgenden Jahrzehnten bewirkten sowohl eine Verstärkung

Der Flughafen Langenhagen bei Hannover mit Ankunfts- und Abflughalle, Rollfeld und Parkplätzen.

der alten Standortvorteile Hannovers im Schnittpunkt transkontinentaler Verkehrslinien als auch eine weitere Entlastung vom Durchgangsverkehr. Veränderungen erfuhr auch der Mittellandkanal, dessen Ausbau nach den Maßen des Europaschiffes (Länge 85 m, Breite 9,50 m, Ladetiefe 2,50 m, Fassungsvermögen 1350 t) bereits 1965 beschlossen worden war. Im Stadtgebiet bis zum Jahr 2000 mit 42 m Wasserspiegelbreite, 4 m Tiefe und 5,25 m Durchfahrtshöhe der Brücken im Rechteck-Trapez-Profil ausgebaut, können ihn auch Großmotorgüterschiffe und bis zu 185 m lange Schubverbände befahren. In seinen vier städtischen Häfen Nordhafen, Brinker, Misburger und Lindener Hafen wurden 2011 fast 4,7 Mill t. Güter, hauptsächlich Kohle, Mineralöl, Recyclingmaterial sowie Ladungen für Automobil und Bauindustrie per Schiff und Bahn umgeschlagen. Damit konnte Hannover seine Rolle als Norddeutschlands größter Binnenhafen oder »Logistiksystemdienstleister« weiter festigen, stößt aber auch an die Grenzen der räumlichen Kapazitäten der vier Häfen.

Wiederaufbau und Wandel der Wirtschaft

Von derlei Erfolgen hatte man nach Kriegsende nicht einmal zu träumen gewagt. Schließlich standen 19 hannoversche Firmen auf der Demontageliste der Alliierten, darunter 12 aus der Kategorie der Rüstungsindustrie. Andere ebenfalls als Rüstungsbetriebe bekannte Firmen wie Conti, Hanomag, Deurag, Nerag und AFA (Varta) wurden verschont, weil die Militärregierung diese im Rahmen der Wiederbelebung der deutschen Wirtschaft für unentbehrlich hielt.

Integriert in die allgemeine Dynamik, war auch die hannoversche Wirtschaft bis in die 1960er-Jahre auf Erfolgskurs und infolge ihrer gesunden Mischung aus kleinen, mittleren und großen Betrieben unterschiedlichster Fabrikationszweige auch relativ krisenfest. Um 1960 herrschte Vollbeschäftigung in der Stadt, zwei Jahre darauf wurden bereits fast 9400 Gastarbeiter gezählt. Heute leben im Fortgang der damals begonnenen Entwicklung über 75 000 Ausländer, teils bereits in der zweiten oder dritten Generation in Hannover. Doch im Zuge der allgemeinen wirtschaftlichen Krise der 1970er-Jahre und des gleichzeitig ablaufenden Strukturwandels sah sich Hannover 1988 einer Arbeitslosigkeit von 46 000 oder 13,5 % gegenüber, was den absoluten Nachkriegsrekord darstellte. 2014 betrug die Arbeitslosenquote knapp unter 8 %.

Insgesamt hat sich die Struktur der hannoverschen Wirtschaft seit den Jahren des Wirtschaftswunders in dreierlei Hinsicht, bis heute nachwirkend, verändert. Innerhalb der sekundären Wirtschaftsgruppen des produzierenden Gewerbes verlagerte sich der Schwerpunkt, vor allem seit das VW-Nutzfahrzeugwerk 1956 die Produktion aufgenommen hatte, eindeutig auf die Kraftfahrzeug- und deren Zulieferindustrie, an der bis Anfang der 1970er-Jahre auch die Hanomag mit ihren erfolgreichen Lieferwagen beteiligt war. Der seit Jahrzehnten als wenig krisenanfällig beschriebene Branchenmix begann zeitweilig in den Hintergrund zu geraten. Der topographische Schwerpunkt der hannoverschen Industrie verlagerte sich aus dem Westen von Linden-Ricklingen in den Norden und Nordosten von Stöcken bis Brink-Vahrenwald. Waren in diesen Stadtbereichen 1939 noch 4000 Beschäftigte weniger gezählt worden als im Raum Linden-Ricklingen, hatte sich das Verhältnis ein halbes Jahrhundert später, nicht zuletzt auch infolge der Schließung vieler Unternehmen im Westen der Stadt völlig umgekehrt. 81 688 Beschäftigten im Norden und Nordosten standen nur noch 45 812 Industriebeschäftigte im Westen gegenüber.

Insgesamt kam es, wie eine Gegenüberstellung für die Jahre 1958 und 1991 zeigt, zu einer generellen Veränderung im Verhältnis der Wirtschaftsgruppen untereinander. Die sekundären traten hinsichtlich der Beschäftigtenzahlen weit hinter die tertiären zurück. Allein das Versicherungsgewerbe, das neben 70 Niederlassungen auswärtiger Unternehmen vor allem mit den Hauptsitzen großer, teils weltweit aktiver Anbieter unter den 14 Versicherungsstandorten in der Bundesrepublik den vierten Platz einnimmt, zählt mehr als 10 000 Beschäftigte.

HANNOVERS WIRTSCHAFT IN ZAHLEN

Primäre Wirtschaftsgruppen 1958: Teile der Landwirtschaft, Forst- und Fischwirtschaft 3400 Beschäftigte = 1%, 1991 1300 = 0,36%; *Sekundäre Wirtschaftsgruppen 1958:* Produzierende Gewerbe, Industrie und Handwerk 139 500 Beschäftigte = 41%, 1991: 101 300 = 28,19%; *Tertiäre Wirtschaftsgruppen 1958:* Dienstleistungen jeder Art 197 100 = 58%, 1991: 256 800 = 71,45%
(Stadtgesch. II, S 721)

Kultur zwischen Bewährtem und Neuem

Die größte Rolle im Bereich der Unterhaltungskultur spielte im ersten Nachkriegsjahrzehnt wie bereits in den 1930er- und den Kriegsjahren der Film, der mit seinen Themen und Inhalten vielfach von den Nöten und Sorgen der Zeit ablenkte. Dass zwischen April 1948 und Oktober 1958 in den großen Uraufführungshäusern Palasttheater, Weltspiele, Theater am Aegi, Theater am Kröpcke und Regina, die bis auf das heute als Vielzweckbühne dienende Theater am Aegi alle nicht mehr bestehen, 113 Filme ihre Uraufführung erlebten, ist inzwischen weitgehend vergessen.

Natürlich kam es auch im kulturellen Bereich zu Neuem. Man begann, wie auf anderen Gebieten zunächst mit Bewährtem, baute Theater und Museen wieder auf, baute später auch neue. Man pflegte das Überkommene, feierte im Opernhaus aber auch Yvonne Georgis stark der Moderne verpflichtetes, weit über Hannover hinaus Anerkennung findendes Ballett, gründete Anfang der 1950er-Jahre Knaben- und Mädchenchor, seither erfolgreiche Botschafter der hannoverschen Musikszene, und rief 1966 den Jazz-Club Hannover ins Leben, der nicht nur jeweils an Himmelfahrt vor dem Neuen Rathaus sein »Swinging Hannover« veranstaltet, sondern Hannover auch zu einer der führenden deutschen Jazz-Hochburgen machte.

Auf dem Gebiet der Literatur traten zwei neue Zeitschriften in Erscheinung, die entsprechend der Klage Friedrich Rasches allerdings eher im Verborgenen blühten. 1955 hatte Kurt Morawietz begonnen, eine »Zeitschrift für Gegenwartsliteratur«, in Anlehnung an Schiller »die horen« genannt, herauszugeben, die heute als »Zeitschrift für Literatur, Kunst und Kritik« mit bundesweitem Renommee erscheint und mehrere Preise erhalten hat. Bescheiden stehen daneben die »Wegwarten. Eine Literaturzeitschrift für Einzelne«, die Walter Lobenstein in Anlehnung an Rainer Maria Rilkes gleichnamige Prager Zeitschrift von 1896 seit 1961 herausgibt und bisher über 200 Hefte vorgelegt hat.

Neben dieser teils auch traditionellen Kulturpflege und Freizeitbeschäftigung wurden von der Stadtverwaltung seit den 1960er-Jahren unter Federführung des zielstrebigen Kultur- und Sportdezernenten Heinz Lauenroth mit den Freizeitheimen neue Möglichkeiten zur Entfaltung persönlicher Aktivitäten in soziokulturellen Stadtteilzentren geschaffen, die aufgrund ihrer Konzeption national wie international als beispielgebend galten. Eine ähnliche Einrichtung war bereits 1949/51 mit dem »Haus der Jugend«, dem bundesweit ersten Kulturbau für die Nachkriegsjugend, geschaffen worden. Einer Art Weiterentwicklung des Freizeitheimgedankens entsprang 1975 die Gründung des »Pavillon. Kultur- und Kommunikationszentrum am Raschplatz«. Von der dort geleisteten, aus der 68er-Bewegung hervorgegangenen alternativen Kulturarbeit gingen zahlreiche kultur- und sozialpolitische Aktivitäten aus, die ihre Entsprechung im Theater- und Museumsbereich in der Forderung nach der Demokratisierung auch des außerschulischen Bildungswesens hatte. Die Aufbruchsstimmung der späten 1960er-Jahre bescherte den Hannoveranern verschiedene neuartige Freizeitangebote: Im April 1967 nach Pariser Vorbild den ersten Flohmarkt, der seit 1972 sonnabends beiderseits der Leine zwischen Schlossstraße und Marstallbrücke zum Kauf gebrauchter Gegenstände und Trödel jeder Art einlädt. Ende August desselben Jahres fand das erste Altstadtfest statt, zugleich Auftakt des von der Stadt unter Oberstadtdirektor Martin Neuffer aufgelegten Straßenkunstprogramms, für das die Stadt mehr als 1,9 Mill. DM für Kunstwerke im öffentlichen Straßenraum ausgab, das aber 1974 mit der umstrittenen Aufstellung der drei »Nanas« von Niki de Saint Phalle am Leibnizufer endete.

Dem traditionellen Sommerangebot der Landesbühne Hannover »Musik und Theater in Herrenhausen«, Jahrzehnte hindurch von deren Intendanten Reinhold Rüdiger verantwortet, stellte Harald Böhlmann 1985 sein »Kleines Fest im Großen Garten« zur Seite, dass sich ungebrochenen Zuspruchs erfreut. Seit 2010 ergänzen die »KunstFestSpiele Herrenhausen« das Kleinkunstfestival.

Außerdem bescherte die Euphorie dieser Jahre dem städtischen Tourismusangebot den »Roten Faden«, eine auf das Pflaster gemalte rote Linie, die Fremde und Einheimische einlädt, sich mit einem dazu vorgelegten kleinen Informationsheft auf einen 4200 m langen Rundgang zu 36 Sehenswürdigkeiten in Hannovers Innenstadt zu machen.

Wissenschafts- und Metropolregion

Vergessen wird oft, dass die Halbmillionenstadt Hannover neben Landeshaupt- und Messestadt, neben Wirtschafts- und Verkehrszentrum als Universitätsstadt auch ein bedeutender Wissenschaftsstandort mit vier Hochschulen ist: Tierärztliche Hochschule (gegründet 1778), Leibniz Universität Hannover (1831), Hochschule für Musik und Theater (1898/1957), Medizinische Hochschule Hannover, MHH, (1965). Mit gut 35 000 Studierenden und mehr als 15 000 Beschäftigten sind die Hochschulen zudem ein nicht zu unterschätzender Wirtschaftsfaktor. Diesen renommierten Hochschulen ist das 1998/2000 gegründete, der MHH im Medical Park benachbarte und weltweit als Forschungsinstitut und Fachklinik anerkannte International Neuroscience Institute (INI) zuzurechnen. Ergänzt und abgerundet wird das

Die CeBIT, die weltweit größte Messe für Informationstechnik, findet seit 1986 jährlich in Hannover statt.

Lehrangebot der genannten Einrichtungen durch die Fachhochschule Hannover, die 1971 durch den Zusammenschluss teils bis in die Mitte des 19. Jahrhunderts zurückgehender unterschiedlicher Vorgängereinrichtungen gebildet, 2010 in »Hochschule Hannover (FHH)« umbenannt wurde und heute ca. 7 000 Studierende und etwa 620 Beschäftigte zählt.

Die exzellenten wissenschaftlichen Einrichtungen und die wirtschaftliche Kraft eines Raumes von etwa 19 000 qkm mit ca. vier Mill. Einwohnern, der die Städte Hannover, Wolfsburg, Braunschweig und Göttingen einschließt, machen diese Region aufgrund der Vernetzung ihrer einzigartigen Qualitäten zu einer »Metropolregion von europäischer Bedeutung«.

Fazit

In ihrer fast 800-jährigen Geschichte hat die Stadt Hannover viele positive Entwicklungen, aber auch mancherlei Rückschläge erlebt. Die welfische Landstadt des Jahres 1241 versuchte vierhundert Jahre hindurch, den welfischen Stadtherrn abzuschütteln und musste ihn ab 1636 weitere 230 Jahre ertragen.

Mit Beginn der Personalunion 1714 und nach Ende des Königreichs Hannover 1866 erlitt sie Rückschläge und musste versuchen, sich in vielerlei Hinsicht neu zu positionieren. In den letzten Jahrzehnten des welfischen Königreichs machte sie sich ab 1835/43 mit ihrem erwachenden Bürgertum auf den Weg zur Industriestadt. Ein Jahrhundert später, 1943, wurde diese zerstört, stieg 1946 als Landeshauptstadt und ein Jahr später als Messestadt aus der Asche und wurde zum viel beachteten und nachgeahmten Muster eines Wiederaufbaus, der als »Wunder von Hannover« in aller Munde war.

Beispielgebend wurde auch die 1963 mit dem Verband Großraum Hannover eingeleitete bessere organisatorische Zusammenarbeit der Stadt mit den Umlandkreisen und -gemeinden, die über mehrere Zwischenstufen 2001 in die 2290 qkm umfassende und 1,1 Mill. Einwohner zählende Region Hannover einmündete, die zuständig ist für diverse Infrastruktureinrichtungen, darunter Regionalverkehr, Klinikum und Abfallentsorgung.

Zahlreiche Ereignisse fanden in Hannover zum ersten Mal statt, so dass die Stadt im Lauf ihrer Geschichte auch mit vielerlei Superlativen aufwarten kann, die sie wie andere Vorzüge in ihrer Werbung lange Zeit hindurch viel zu schlecht verkauft hat. Deren letzter wurde im Jahr 2000 Wirklichkeit, als auf dem erweiterten Messegelände die erste Weltausstellung in Deutschland als EXPO 2000 am 1. Juni des Jahres für fünf Monate ihre Pforten öffnete. Als eine Weltausstellung neuen Typs konzipiert, war sie auf die Vision eines zukünftigen Gleichgewichtes von Mensch, Natur, Technik ausgerichtet. Neben 155 auf dem Gelände mit ihren teils phantasievollen Pavillons vertretenen Staaten gehörten zum weiteren Konzept 500 externe Projekte in Deutschland und aller Welt. 18 Mill. Menschen besuchten die Weltausstellung, die nicht nur für die Region und für die Stadt Hannover einen nie dagewesenen Investitionsschub auslöste, sondern die globalisierte Welt zur Verantwortung im Zusammenwirken von Mensch, Natur und Technik aufrief.

Luftbild Hannovers mit Neuem Rathaus (Vordergrund) und Marktkirche St. Georgii et Jacobi (links). ▶

Zeittafel

Um 1150	Im Wunderbericht Miraculi Sancti Bernwardi erstmalige Nennung des Dorfes Hannover (vicus hanovere)
1163	Erste urkundliche Erwähnung Hannovers
1189	Niederbrennung Hannovers durch König Heinrich VI. im Zuge seiner Auseinandersetzungen mit Heinrich dem Löwen
1196	Gründung des Klosters Marienwerder durch Graf Konrad I. von Roden
Um 1200	Erbauung der Burg Lauenrode
1241	Stadtrechtsbestätigung durch Otto das Kind, Herzog zu Braunschweig und Lüneburg
1267	Erstmalige Erwähnung einer Schule, Vorläuferin des Ratsgymnasiums
1291	Gründung des Barfüßer- oder Minoritenklosters an der Leine
1322	Herzog Otto der Ältere verkauft der Stadt die Teilhabe am Münzrecht, das 1438 in ihren Alleinbesitz übergeht, und gestattet ihr den Bierexport
Um 1350	Kreuz-, Aegidien- und Marktkirche als gotische Hallenkirchen vollendet bzw noch im Bau; Pestepidemie fordert angeblich ein Drittel der 4000 bis 4500 Einwohner
1357	Mit Errichtung des Beginenturms nach gut 100-jähriger Bauzeit Fertigstellung der Stadtmauer (aus Kalkstein vom Lindener Berg)
1371	Großes Privileg der Herzöge Albrecht und Wenzel: Anerkennung der Eilenriede als stadteigener Wald, Übereignung der Burg Lauenrode an die Stadt, mit dem Recht, diese zu zerstören, was sofort geschieht
1392	Mit der »Sate« Begründung der Landstandschaft Hannovers
1448	Nach Unruhen neue Zusammensetzung des Rates: je vier Vertreter der Kaufleute, der Großen Ämter und der Meinheit, daneben Mitwirkung von 32 Geschworenen
1490	Vereitelung des von Herzog Heinrich dem Älteren geplanten Überfalls auf die Stadt durch den Bürger Cord Borgentrick
1526	Erfindung des Broyhan-Bieres durch den Brauknecht Cord Broyhan
1529	Privileg Herzog Erichs I. für die jährliche Veranstaltung eines Schützenhofes
1533	Reformation: mit Schwur auf dem Marktplatz Bekenntnis zur lutherischen Lehre; Flucht des Rates nach Hildesheim; revolutionäre Bildung eines neuen Rates
1588	Verordnung des Rates: alle Nicht-Lutheraner haben die Stadt vor Einbruch der Dunkelheit zu verlassen.

1618 Während des 30-jährigen Krieges weder Besetzung noch Zerstörungen, jedoch zwei Pestepidemien und Zerruttung von Wirtschaft und Finanzen der Stadt

1636 Erhebung der Stadt zur Residenz des Fürstentums Calenberg-Göttingen

1637 Beginn des Schlossbaus auf dem ehemaligen Klostergrundstück

1666 Erste Arbeiten zur Anlegung von Garten und Lusthaus zu Herrenhausen

1676 Berufung des Gelehrten Gottfried Wilhelm Leibniz an den Hof

1692 Verleihung der 9. Kurwürde an Herzog Ernst August

1699 Erlass eines neuen Stadtreglements durch Kurfürst Georg Ludwig

1701 Beschluss des englischen Parlamentes zur Ernennung der Kurfürstinwitwe Sophie und ihrer Nachkommen zu Erben des englischen Thrones

1714 Beginn der Personalunion. Kurfürst Georg Ludwig als Georg I. König von Großbritannien. Hannover 123 Jahre Residenzstadt ohne Herrscher

1747 Anlegung der Aegidienneustadt durch Bürgermeister Christian Ulrich Grupen

1757 Im 7-jährigen Krieg halbjährige, äußerst kostspielige Besetzung der Stadt durch französische Truppen

1778 Gründung der Roß-Arzney-Schule, heute Tierärztliche Hochschule

1788 Freiherr Adolph Knigges »Umgang mit Menschen« erscheint in Hannover

1803 Französische Besetzung von Stadt und Kurfürstentum Hannover

1810 Einverleibung des Kurfürstentums in das Königreich Westphalen; Hannover Hauptstadt des »Departements der Aller«

1814 Erhebung des Kurfürstentums zum Königreich durch Prinzregent Georg

1824 Vereinigung von Alt- und Neustadt, Erlass einer gemeinsamen Verfassung; Anfänge des Bürgervorsteher-Kollegiums und der Trennung von Justiz und Verwaltung

1835 Inbetriebnahme der Egestorffschen Eisengießerei und Maschinenfabrik

1837 Ende der Personalunion; Ernst August, König von Hannover, Beginn des Verfassungskonfliktes

1839 Anklage des Magistrates und Entlassung des Stadtdirektors Rumann wegen deren Protest gegen die Aufhebung des Staatsgrundgesetzes

1843 Mit Inbetriebnahme der Bahnstrecke Hannover-Lehrte Beginn des Eisenbahn- und Industriezeitalters in Hannover

1848 Revolutionäre Forderungen führen zu Regierungswechsel, Verfassungsänderung und neuer Städteordnung (1851)

1851 Tod König Ernst Augusts; Regierungsantritt seines blinden Sohnes Georgs V., Beginn der letzten, von der politischen Reaktion bestimmten Phase des Königreichs

1852 Einweihung des von Laves im spätklassizistischen Stil errichteten Hoftheaters

1858 Im Zuge der politischen Reaktion Erlass der »Revidierten Städteordnung für das Königreich Hannover«

1859 Erste große Eingemeindung: Vorstadt

1865 Eröffnung des von Bürgern initiierten Zoologischen Gartens

1866 Annexion des Königreichs Hannover durch Preußen. Hannover fortan Provinzhauptstadt

1871 Gründung der »Continental« – steht 2011 an 20. Stelle der 250 größten deutschen Unternehmen aus Industrie, Handel und Dienstleistungen

1872 Erste Pferdebahn; 1893 Beginn der Elektrifizierung

1873 Hannover mit 100 000 Einwohnern Großstadt

1879 Beginn des Durchbruchs der heutigen Karmarschstraße durch die Altstadt

1884 SPD gewinnt zum ersten Mal den Reichstagswahlkreis Hannover

1885 Linden, das mit 25 570 Einwohnern größte Dorf Preußens, wird Stadt

1891 Bahlsens »Leibniz-Cakes« auf dem Markt

1891 2. große Eingemeindung: List, Vahrenwald, Hainholz, Herrenhausen

1903 Erster Motorflug Karl Jathos auf der Vahrenwalder Heide, vier Monate vor den Brüdern Wright

1907 3. große Eingemeindung: Döhren, Wülfel, Kirchrode, Groß- und Klein-Buchholz, Bothfeld, Stöcken und Gutsbezirk Mecklenheide

1913 Einweihung des Neuen Rathauses in Gegenwart Kaiser Wilhelms II.

1914 Einweihung der Stadthalle

1914 Beginn des I. Weltkrieges; große Kriegsbegeisterung in der Stadt

1916 Inbetriebnahme des Mittellandkanals bis zum Misburger Hafen

1918 Novemberrevolution, Verlauf relativ friedlich; Rücktritt von Stadtdirektor Heinrich Tramm, Wahl Robert Leinerts (SPD) zum Oberbürgermeister

1920 Vereinigung von Hannover und Linden, das bereits Limmer, Badenstedt, Davenstedt und Ricklingen eingemeindet hatte

1921 Gründung einer NSDAP-Ortsgruppe in Hannover, der ersten in Niedersachsen

1924 Produktionsbeginn des Hanomag-Kleinwagens »Kommissbrot« – Sendebeginn des NORAG-Nebensenders Hannover – Verhaftung des Massenmörders Fritz Haarmann, der im folgenden

Jahr hingerichtet wird – Abwahl von Oberbürgermeister Leinert und Wahl von Dr. Arthur Menge (DHP) zu dessen Nachfolger – Erster Katholikentag in der Diaspora in Hannover

1925 Hannovers Ehrenbürger Paul von Hindenburg zum Reichspräsidenten gewählt

1927 Einrichtung des »Kabinetts der Abstrakten« im Provinzialmuseum durch Alexander Dorner und El Lissitzky

1933 Beginn des NS-Regimes; Oberbürgermeister Menge, obgleich kein NSDAP-Mitglied, bleibt im Amt

1936 Einweihung des Maschsees, dessen Anlegung das Bürgervorsteher-Kollegium im Oktober 1932 beschlossen hatte

1938 Zerstörung der Synagoge in der so genannten »Reichskristallnacht«

1939 Beginn des II. Weltkriegs, von der Bevölkerung sehr verhalten aufgenommen

1941 Beginn mit der Zusammenpferchung der in der Stadt lebenden Juden in so genannten »Judenhäusern« zur Vorbereitung von deren Deportation

1943 In sechs Großangriffen weitgehende Zerstörung vor allem der Innenstadt – In der Nähe großer Industriebetriebe Einrichtung von Außenlagern des KZ Neuengamme, dessen Insassen zur Arbeit in den Fabriken herangezogen wurden

1945 6. April: Erschießung von 154 sowjetischen Kriegsgefangenen auf dem Seelhorster Friedhof – 10. April: Besetzung der Stadt durch drei Regimenter der 84. Infanteriedivision der 9. US-Armee – 11. April: Ernennung Gustav Bratkes (SPD) zum Oberbürgermeister

1946 Im Februar große Schäden durch ein verheerendes Hochwasser – 23. August: Hannover Hauptstadt des wiederhergestellten Landes Hannover, seit 1. November des neu gegründeten Landes Niedersachsen

1947 Auf Drängen der britischen Militärregierung Veranstaltung der ersten Exportmesse Hannover gemeinsam von Stadt und Land

1948 Wahl Rudolf Hillebrechts zum Stadtbaurat, Vater des »Wunders von Hannover«

1951 Erste große bundesweite Nachkriegsveranstaltungen in der Stadt: Bundesgartenschau und Bauausstellung »Constructa«

1952 Inbetriebnahme des Flughafens Hannover-Langenhagen, des ersten Nachkriegsflughafenneubaus in Europa

1954 Hannover Halbmillionenstadt – Trümmerräumung gilt als abgeschlossen

1959 Vollbeschäftigung, erste Gastarbeiter angeworben

1960 Fertigstellung der 100 000. Neubauwohnung; der Wiederaufbau weitgehend abgeschlossen

1962	Einweihung des wieder aufgebauten und um einen Plenarsaal erweiterten Leineschlosses als Landtag
1965	Beginn des U-Bahnbaus auf dem Waterlooplatz
1969	Behinderung und Einstellung des Straßenbahnverkehrs, Rote-Punkt-Aktion als Selbsthilfe im Transportwesen
1972	Wahl Herbert Schmalstiegs zum Oberbürgermeister (Ratsvorsitzenden) – Baubeginn für die Passerelle, 1976 fertiggestellt, 2002 umbenannt in Niki-de-Saint-Phalle-Promenade
1986	Trennung der Industriemesse in CeBIT und Hannover Messe Industrie
1992	Eröffnung des neuen Schauspielhauses in der Prinzenstraße
1996	Erste Kommunalwahl nach der neuen Niedersächsischen Gemeindeordnung, die das 1946 eingeführte duale System an der Stadtspitze beendet; Wahl Herbert Schmalstiegs zum Oberbürgermeister als Verwaltungschef, der 2006, bei seinem Ausscheiden aus dem Amt, 34 Jahre an der Spitze der Stadt gestanden hatte
2000	Mit der EXPO 2000 zum ersten Mal eine Weltausstellung auf deutschem Boden: 155 teilnehmende Staaten und 18 Mill. Besucher
2001	Bildung der Region Hannover aus dem Landkreis Hannover und der Landeshauptstadt
2002	Einweihung des Gebäudes der NORD/LB am Friedrichswall
2011/12	Wiederaufbau des Schlosses Herrenhausen in der von Laves 1820/21 geschaffenen äußeren Gestalt

Obrigkeiten seit 1636

Welfen

Herzöge, Kurfürsten, Könige

1636–1641	Herzog Georg von Calenberg-Göttingen
1641–1648	Christian Ludwig
1648–1665	Georg Wilhelm
1665–1679	Johann Friedrich von Calenberg-Göttingen-Grubenhagen
1679–1698	Ernst August, 1692 Kurfürst
1698–1727	Georg I. (Ludwig), Kurfürst von Hannover, 1714 König von Großbritannien
1727–1760	Georg II. (August)
1760–1820	Georg III.
1810–1813	*Jérôme Napoleon, König von Westphalen*
1813–1837	Adolph Friedrich, Sohn Georgs III., Gouverneur, 1831–1837 Vizekönig
1820–1830	Georg IV.
1830–1837	Wilhelm IV. – Ende der Personalunion
1837–1851	Ernst August, König von Hannover
1851–1866	Georg V. – 1866 Annexion des Königreichs Hannover durch Preußen

Hohenzollern

Könige von Preußen

1866–1888	Wilhelm I.
1888	Friedrich III.
1888–1918	Wilhelm II.

Oberpräsidenten als Verwaltungschefs der preußischen Provinz Hannover

1867–1873	Graf zu Stolberg-Wernigerode, Otto
1873–1878	Graf zu Eulenburg, Botho
1878–1888	v. Leipziger, Adolf Hilmar
1888–1897	v. Bennigsen, Rudolf
1898–1902	Graf zu Stolberg-Wernigerode, Konstantin
1902–1914	Wentzel, Dr. Richard Adam
1914–1917	v. Windheim, Dr. Ludwig
1917–1920	v. Richter, Dr. Ernst

1920–1933	Noske, Gustav (SPD)
1933–1941	Lutze, Viktor (NSDAP)
1941–1945	Lauterbacher, Hartmann (NSDAP), zugleich Gauleiter von Südhannover-Braunschweig; flieht am 5. April 1945, wenige Tage vor Kriegsende
11.04.1945 – 18.09.1945	Hagemann, Eberhard (DHP)
18.09.1945– 23.08.1946	Kopf, Hinrich Wilhelm (SPD)

Ministerpräsidenten

von Hannover

23.08.1946– 01.01.1946	Kopf, Hinrich Wilhelm

von Niedersachsen

1946–1955	Kopf, Hinrich Wilhelm
1955–1959	Hellwege, Heinrich (DP)
1959–1961	Kopf, Hinrich Wilhelm
1961–1970	Dr. Diederichs, Georg (SPD)
1970–1976	Kubel, Alfred (SPD)
1976–1990	Dr. Albrecht, Ernst (CDU)
1990–1998	Schröder, Gerhard (SPD)
1998–1999	Glokowski, Gerhard (SPD)
1999–2003	Gabriel, Sigmar (SPD)
2003–2010	Wulff, Christian (CDU)
2010–2013	McAllister, David (CDU)
seit 2013	Weil, Stephan (SPD)

Spitzen von Rat und Verwaltung seit 1636

1. Bürgermeister

1624–1654	Dr. Jacobus Bünting
1633–1663	Dr. Henning Lüdeke
1654–1678	Dr. Georg Türke
1663–1683	Dr. David Amsing
1678–1684	Dr. Conrad Julius Hagemann
1684–1702	Anton Levin von Wintheim
1685–1689	Gottfried Hertzog
1689–1699	Johann Hermann vom Sode
1700–1717	Dr. Anton Julius Busmann
1702–1713	Johann Christoff Dannhauser
1713–1725	Otto Heinrich Volger
1717–1719	Johann Peter Tappen
1719–1761	Anton Julius Busmann

1725–1767	Christian Ulrich Grupen
1761–1798	Dr. Ernst Anton Heiliger
1761–1784	Wilhelm August von Alemann
1784–1809	Ernst Friedrich Hector Falke
1792–1820	Christian Philipp Iffland
1810–1820	Ludewig Christian Wilhelm Zwicker

2. *Stadtdirektoren*

1822–1824	Georg Ernst Friedrich Hoppenstadt
1824–1843	Wilhelm Rumann
1843–1853	Karl Friedrich Wilhelm Evers
1854–1882	Hermann Rasch
1883–1891	Ferdinand Haltenhoff
1891–1918	Heinrich Tramm

3. *Oberbürgermeister*

1918–1924	Robert Leinert
1925–1937	Dr. Arthur Menge
1937–1942	Dr. Henricus Haltenhoff
1942–1945	Stelle durch Staatskommissare wahrgenommen, weil Ausschreibung erst nach Kriegsende erfolgen sollte
1942–1944	Ludwig Hoffmeister
1944–1945	Egon Bönner
1945–1946	Gustav Bratke

4.

a) Oberbürgermeister als Vorsitzender des Rates

1946	Franz Henkel
1946–1956	Wilhelm Weber
1956–1972	August Holweg
1972–1996	Herbert Schmalstieg

b) Oberstadtdirektoren als Leiter der Verwaltung

1946–1949	Gustav Bratke
1949–1963	Karl Wiechert
1963–1974	Martin Neuffer
1974–1979	Rudolf Koldewey
1980–1990	Dr. Hinrich Lehmann-Grube
1990–1996	Jobst Fiedler

5. *Oberbürgermeister als Leiter der Verwaltung*

1996–2006	Dr. h.c. Herbert Schmalstieg
2006–2013	Stephan Weil
seit 2013	Stefan Schostok (SPD)

Literatur (Auswahl)

Mlynek, Klaus / Röhrbein, Waldemar R. (Hg.): Hannover Chronik. Von den Anfängen bis zur Gegenwart. Hannover 1991 (zitiert Chronik)

Dies.: Geschichte der Stadt Hannover. 2 Bde, Hannover 1991 u. 1994 (zitiert Stadtgesch. I bzw II); mit ausführlichem Literaturverzeichnis

Dies.: Stadtlexikon Hannover. Von den Anfängen bis in die Gegenwart. Hannover 2009 (zitiert Stadtlexikon; mit Literaturangaben zu jedem Artikel)

Hinsichtlich der sonst herangezogenen Literatur sei auf die in den vorstehenden Werken genannten Literaturverzeichnisse und -angaben verwiesen, sodass im Folgenden nur die Literatur aufgeführt wird, aus der zitiert bzw auf die direkt Bezug genommen wurde. Herangezogen wurden auch einige Internetadressen sowie die Hannoversche Allgemeine Zeitung

Alvensleben, Udo von / Reuther Hans, Herrenhausen: Die Sommerresidenz der Welfen. Hannover 1966

Baum, Vicky: Es war alles ganz anders. Erinnerungen. Berlin etc. 1962

Binding, Ulrike: Archäologie an der Leine. Ur- und frühgeschichtliche Funde aus Hannover und Umgebung. Oldenburg 1991

Bodemann, Eduard (Hg.): Briefe der Kurfürstin Sophie von Hannover an die Raugräfinnen und Raugrafen zu Pfalz. Leipzig 1888 (zitiert Bodemann)

Deuker, Else: Erinnerungen an die Rolle Egon Bönners bei Kriegsende und am 10. April 1945 in Hannover. In: Hannoversche Geschichtsblätter, Neue Folge (fortan zitiert HG NF) 59/2005, S. 171–180

Dringenberg, Bodo: Abschied vom »Hohen Ufer«. Der Name Hannovers. In: HG NF 53/1999, S. 5–75

Erbhuldigung in Hannover [1589]. In: HG NF 1/1930–31, S. 204–212

Festschrift zur Einweihung des Rathauses im Jahre 1913. Die Königliche Haupt- und Residenzstadt Hannover (Hg.). Hannover 1912 (zitiert: Rathaus Festschrift)

Fischer, Georg: Musik in Hannover. Hannover/Leipzig ^{2}1903

Fleiter, Rüdiger: Stadtbaurat Karl Elkart und seine Beteiligung an der NS-Verfolgungspolitik. In: HG NF 60/2006, S. 135–149

Geerds, Robert (Hg.): Die Mutter der Könige von Preußen und England. Memoiren und Briefe der Kurfürstin Sophie von Hannover. München/Leipzig [1913] (zitiert Geerds)

Hannover im 20. Jahrhundert. Aspekte der neueren Stadtgeschichte. Beiträge zur Ausstellung [im Historischen Museum]. Hannover 1978

Hausmann, Bernhard: Erinnerungen aus dem achtzigjährigen Leben eines hannoverschen Bürgers, Hannover 1873

Hummel, Carz: 200 Jahre Tigislege. Zum Jubiläum eines Lesefehlers. In HG NF 41/1987, S. 3–19

Katenhusen, Ines: Zwischen Opernhaus und Freizeitheim. Aspekte kulturellen Lebens im Hannover der fünfziger Jahre. In: HG NF 53/1999, S. 77–109

Dies.: »Hannover ist nie ein Athen gewesen, eher denn ein Sparta«. Bildende Kunst und Politik in Demokratie und Diktatur. In: HG NF 54/2000, S. 5–40

Kiesel, Helmuth (Hg.): Briefe der Liselotte von der Pfalz. Frankfurt/M 1981 (= insel tb. 428)

Kleineberg, Andreas u.a.: Germania und die Insel Thule. Die Entschlüsselung von Ptolemaios' >Atlas der Oikumeme<. Darmstadt 2011

Knoop, Mathilde: Sophie, Kurfürstin von Hannover. Hildesheim 1964

Krumwiede Hans-Walter: Kirchengeschichte Niedersachsens. Bd II, Göttingen 1996

Lessing, Theodor: Haarmann. Die Geschichte eines Werwolfs. Berlin 1925

Ders.: Hindenburg. Berlin 1925
Malortie, Carl Ernst von. Beiträge zur Geschichte des Braunschweig-Lüneburgischen Hauses und Hofes. 7. Heft, Hannover 1884
May, Johanna: Vom obrigkeitlichen Stadtregiment zur bürgerlichen Kommunalpolitik. Hannover 2000
MERIAN Hannover. 2. Jg., H. 9, Hamburg 1950
Merseburger, Peter: Der schwierige Deutsche. Kurt Schumacher. Stuttgart 1995
Mlynek, Klaus: »Reden wir über Hannover – Das wird genügend harmlos sein«. In: HG NF 40/1986, S. 225–243
>Reichskristallnacht< in Hannover. Beiträge zur Ausstellung [im Historischen Museum Hannover]. Hannover 1978
Residenzvergleich vom 18. Februar 1636. In: Vaterländ. Archiv des Histor. Vereins für Niedersachsen. Jg. 1842, S. 199–203
Rischbieter, Henning: Hannoversches Lesebuch. 2. Bd. 1850–1950. Velber 1978
Sheridan-Quantz, Edel: City-Bildung und die räumlichen Auswirkungen ausgewählter kapitalkräftiger Wirtschaftszweige in der Innenstadt Hannovers 1820–1920. In: HG NF 51/1997, S. 5–33
Schnath, Georg (Hg.): Briefwechsel der Kurfürstin Sophie mit dem preußischen Königshause. Berlin/Leipzig 1927
Schnath, Georg: Die Personalunion zwischen Großbritannien und Hannover 1714–1837. In: Lüneburger Blätter 1968/1969, S. 5–19
Schuchhardt, Carl: Aus Leben und Arbeit. Berlin 1944
Treue, Wilhelm: Niedersachsens Wirtschaft seit 1760. Hannover 1964
Schwarz, Hans-Peter (Hg.): Die Architektur der Synagoge. Frankfurt/M. 1989
Wege aus dem Chaos. Niedersachsen 1945–1949. Begleitheft zur Ausstellung [im Histor. Museum Hannover]. Hannover 1985

Bildnachweis

Birgit Winter – pixelio.de: 100
Historisches Museum Hannover: 13, 17, 18 (199/1987), 22 (014449), 27 (008108), 29 (002898), 33 (007647), 39 (012599), 42 (000466), 46 (445/1985), 51 (000698), 53 (023470), 59 (000087), 64 (007978), 68 (1965/163), 71 (195/1987), 75 (004963), 79, 81 (003072), 89 (003939), 91 (006390), 98 (001699), 103 (001829), 111 (000826), 113 (001513), 115 (444/1981), 121 (009986), 123 (Sta 1042), 125 (007274), 129 (016500), 135 (007276), 138 (022864), 144 (463/1985), 147 (199/1983), 151 (012251), 153 (014610), 157 (038989)
http://commons.wikimedia.org: 49 (AxelHH)
ullstein bild – euroluftbild.de: 160, 167
ullstein bild – Sven Simon: 165

Stadtplan: © Stefan Krabichler, Schernfeld

Register

Ortsregister (Hannover)

Ortsregister (allgemein)

Personenregister

(Abkürzungen: B – Bischof; Bgm. – Bürgermeister; Bs-Lg. – Braunschweig-Lüneburg; Fst. – Fürstentum; H. – Hannover; Hzg/n – Herzog/in; Kfst/n – Kurfürst/in; Kg/n – König/in; Ks/n – Kaiser/in; Min. – Minister; Min.-Präs.– Ministerpräsident; nat.lib. – nationaliberal; Nds. – Niedersachsen; OB – Oberbürgermeister; OStd – Oberstadtdirektor; Schrftst. – Schriftsteller; Std. – Stadtdirektor)

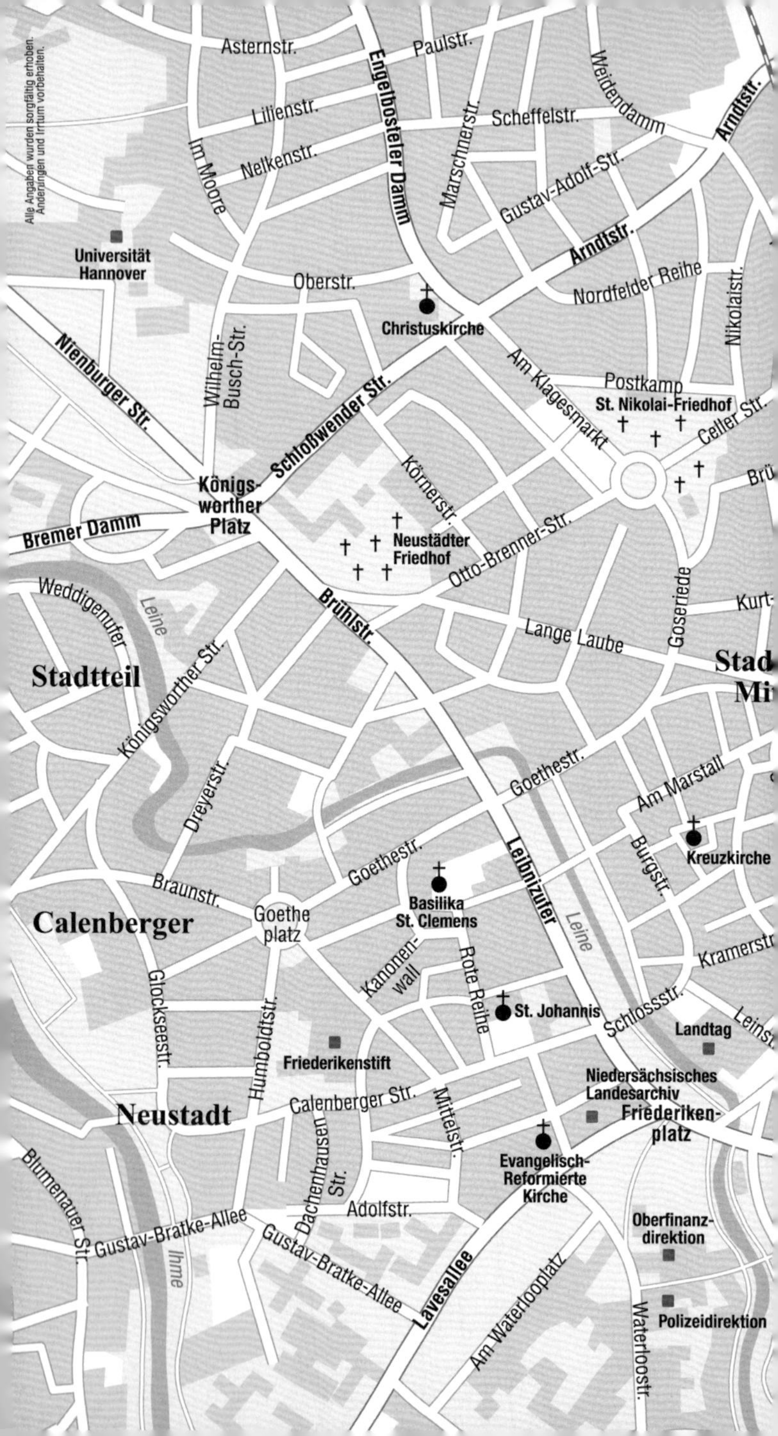
Alle Angaben wurden sorgfältig erhoben.
Änderungen und Irrtum vorbehalten.
Asternstr.
Paulstr.
Engelbosteler Damm
Weidendamm
Arndtstr.
Lilienstr.
Scheffelstr.
Im Moore
Nelkenstr.
Marschnerstr.
Gustav-Adolf-Str.
Arndtstr.
Universität Hannover
Oberstr.
Nordfelder Reihe
Nikolaistr.
Christuskirche
Nienburger Str.
Wilhelm-Busch-Str.
Schloßwender Str.
Am Klagesmarkt
Postkamp
St. Nikolai-Friedhof
Celler Str.
Königsworther Platz
Körnerstr.
Bremer Damm
Neustädter Friedhof
Otto-Brenner-Str.
Weddigenufer
Leine
Brühlstr.
Lange Laube
Goseriede
Kurt-
Stadtteil
Stad
Mi
Königsworther Str.
Dreyerstr.
Goethestr.
Am Marstall
Leibnizufer
Kreuzkirche
Burgstr.
Goethestr.
Braunstr.
Goethe platz
Basilika St. Clemens
Calenberger
Leine
Kramerstr
Kanonenwall
Rote Reihe
St. Johannis
Schlossstr.
Landtag
Leinstr.
Glockseestr.
Humboldtstr.
Friederikenstift
Niedersächsisches Landesarchiv
Calenberger Str.
Mittelstr.
Neustadt
Friederikenplatz
Evangelisch-Reformierte Kirche
Dachenhausen Str.
Blumenauer Str.
Adolfstr.
Oberfinanzdirektion
Gustav-Bratke-Allee
Gustav-Bratke-Allee
Ihme
Lavesallee
Am Waterlooplatz
Waterloostr.
Polizeidirektion

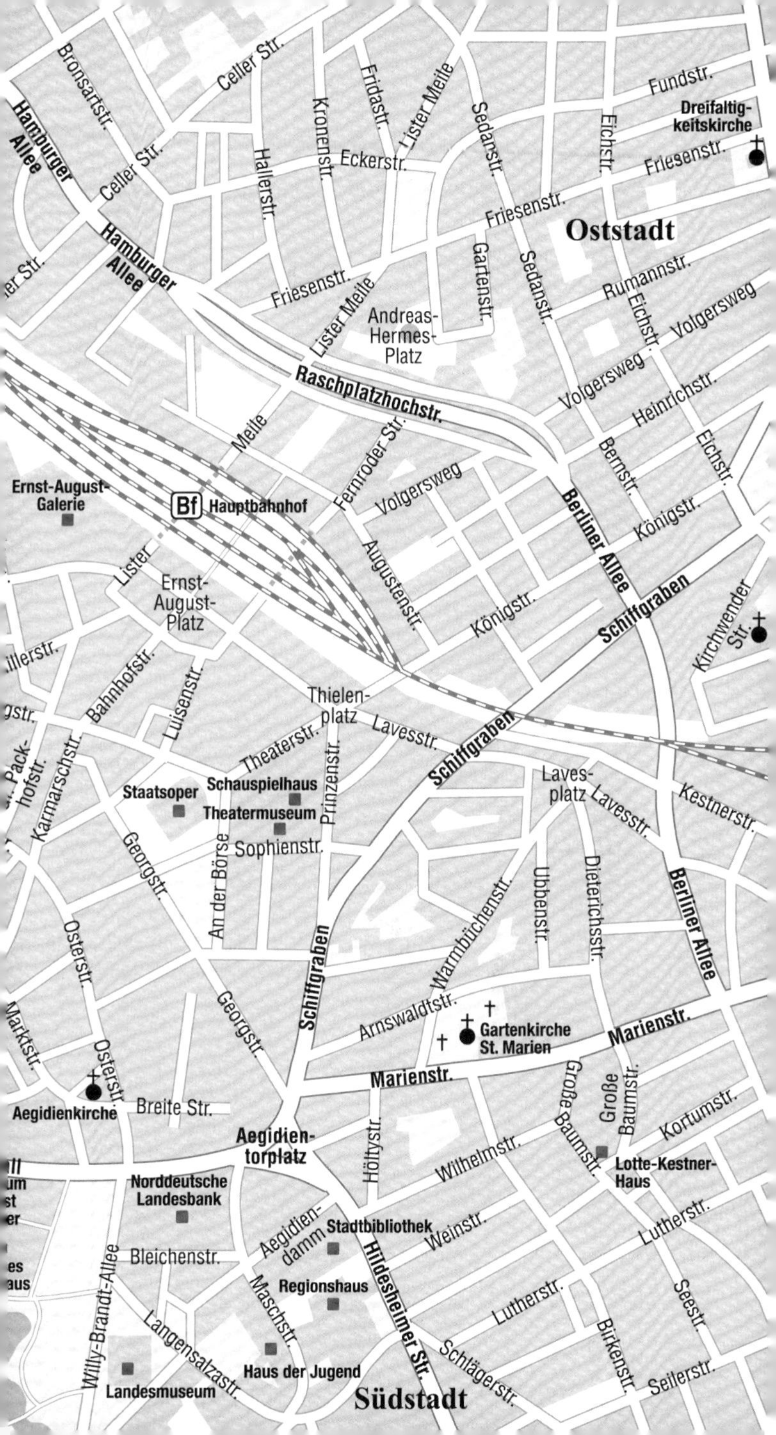
Oststadt
Südstadt
Hauptbahnhof
Bf
Ernst-August-Galerie
Ernst-August-Platz
Andreas-Hermes-Platz
Thielenplatz
Lavesplatz
Aegidientorplatz
Staatsoper
Schauspielhaus
Theatermuseum
Gartenkirche St. Marien
Aegidienkirche
Dreifaltigkeitskirche
Norddeutsche Landesbank
Stadtbibliothek
Regionshaus
Haus der Jugend
Landesmuseum
Lotte-Kestner-Haus
Hamburger Allee
Celler Str.
Bronsartstr.
Hallerstr.
Kronenstr.
Fridastr.
Lister Meile
Eckerstr.
Sedanstr.
Eichstr.
Fundstr.
Friesenstr.
Gartenstr.
Rumannstr.
Volgersweg
Raschplatzhochstr.
Heinrichstr.
Bernstr.
Königstr.
Fernroder Str.
Augustenstr.
Berliner Allee
Schiffgraben
Kirchwender Str.
Lister Meile
Bahnhofstr.
Luisenstr.
Theaterstr.
Prinzenstr.
Lavesstr.
Kestnerstr.
Karmarschstr.
Packhofstr.
Georgstr.
An der Börse
Sophienstr.
Warmbüchenstr.
Ubbenstr.
Dieterichsstr.
Osterstr.
Marktstr.
Arnswaldtstr.
Marienstr.
Große Baumstr.
Kortumstr.
Breite Str.
Höltystr.
Wilhelmstr.
Aegidiendamm
Hildesheimer Str.
Weinstr.
Lutherstr.
Seestr.
Bleichenstr.
Maschstr.
Willy-Brandt-Allee
Langensalzastr.
Schlägerstr.
Birkenstr.
Seilerstr.